VIES D'ARTISTES
encodées dans Paris

Thierry Van de Leur

VIES D'ARTISTES encodées dans Paris

Couverture et 4ème de couverture : Cindy Van de Leur (21/2/2018).

VIES D'ARTISTES
encodées dans Paris

Note de Copyright et première édition mai 2019

Contact auteur : t.van-de-leur@laposte.net

Imprimé en Europe par : www.lulu.com

Dépôts légaux Bibliothèque Nationale de France en 2019

Livre autoédité, également vendu sur :

www.lulu.com

ISBN : 979-10-91289-30-6

EAN : 9791091289306

A mon épouse, Agnès,

A ma fille, Cindy

SOMMAIRE

PROLOGUE

Il existe dans la Ville Lumière un mystérieux Code encore ignoré de tous.
Depuis la création d'internet et la réalisation de cartes extrêmement précises exécutées grâce aux satellites et aux lasers, nous avons tous le privilège d'y accéder facilement.
Nul besoin d'être un spécialiste pour le décrypter : il suffit d'une simple carte de Paris pour découvrir émerveillé les multiples informations qu'il contient.
Qui a créé ce Code ? Nul ne le sait.
Une seule chose est certaine, il n'est pas réalisé par l'homme. La réponse vous appartient.
L'important est qu'il existe et qu'il nous fasse prendre conscience de notre place en ce monde.
Bien entendu, les célébrités du spectacle, de la littérature, de la politique ou les religions sont codées en priorité.
Ainsi, le parcours de die d'un artiste, son destin, de sa naissance à sa mort peut se retrouver sous forme de lignes sur la carte de Paris avec une précision remarquable, presque diabolique.
Une question qui vous taraudera tout au long de ce livre, est : Comment est-ce possible ?
Dans cet ouvrage, les informations précises concernant plusieurs chanteurs et fantaisistes célèbres (disparus pour la plupart) s'alignent comme par enchantement.
Les lignes se mettent à "parler", tracées par une mystérieuse main céleste qui met ainsi en évidence les destinées, preuves à l'appui.
Ce livre vous propose le décryptage des destins exceptionnels de : Claude François, Barbara, Edith Piaf, Jacques Brel, Coluche, Le Luron, Tokio Hotel, Alain Chamfort, Dalida, Serge Gainsbourg, Jim Morrison, Bashung, Brigitte Bardot, Michel Berger, France Gall, Tino Rossi, Eddy Barclay, Georges Brassens, Céline Dion, Prince, Hervé Villard , Johnny Hallyday, etc…
Ce livre est un véritable tourbillon de coïncidences, synchronicités et prédestinations.

RAPPEL SUCCINCT DU CODE

Pour parvenir à décoder le Grand Code parisien il est parfois indispensable d'utiliser certaines clefs.

Ces clefs, je ne les ai pas inventées ; elles se sont imposées.

C'est petit à petit, par recoupement, que je suis parvenu à découvrir tous les lieux-clef symboliques ayant une importance fondamentale dans la compréhension globale de ce code.

Etrangement, il est impossible pour moi de me remémorer quelle fut la première ligne que j'ai tracée et qui m'a fait prendre conscience qu'en passant à travers l'Opéra Garnier, la boucle de l'Ankh, une ligne pouvait révéler des informations.

Le Parisis Code utilise en général deux méthodes pour faire parler les rues.

Il suffit tout simplement de tracer des lignes droites regroupant au minimum 3 points.

Le premier moyen, consiste à rejoindre deux rues, en passant par une ou plusieurs clefs. De cette manière, on révèle plusieurs paramètres concernant en propre le personnage ciblé.

La 2ème méthode consiste en l'alignement très précis d'une rue sur l'un des 4 points cardinaux (Nord, Sud, Est ou Ouest).

Ce procédé révèle un lien évident avec le personnage concerné par la voie parisienne ciblée.

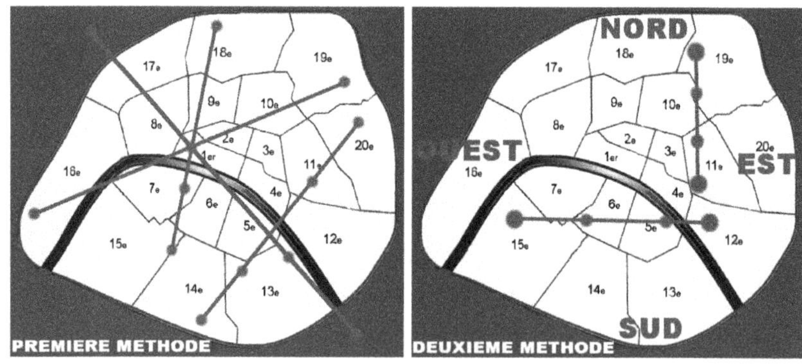

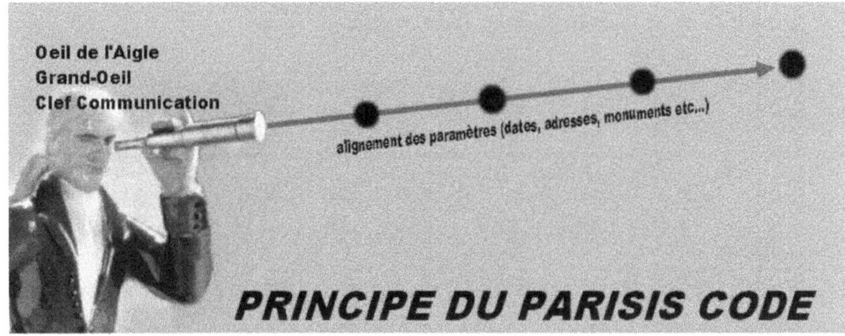

La plupart des clefs fait partie des édifices les plus prestigieux et symboliques de la capitale.
Elles ont toutes une fonction et une signification bien spécifique, donnant un véritable sens aux alignements. Elles servent de trait d'union, de jonction, de 3ème point.

La clef principale du *Parisis Code* est représentée par le Boulevard des Capucines, le Boulevard des Italiens, l'Avenue de l'Opéra et les rues tournant autour de l'Opéra Garnier.
Cette disposition de voies prend la forme caractéristique de l'Ankh, la croix égyptienne.
Le point le plus important, souvent évoqué, est la boucle de l'Ankh, matérialisée par l'Opéra Garnier.

C'est le grand lustre de l'Opéra Garnier qui détermine ce que j'appelle "Le centre de la Boucle de l'Ankh…la clef du Destin.

Parmi les autres clefs permettant de lire le grand Code de Paris, on trouve la plupart des grands monuments de la Capitale. Chacune a une signification en rapport avec son histoire, sa forme ou son nom.

La signification de ces clefs est souvent d'une grande logique.

La Tour Eiffel est une clef symbolisant la France ou Paris.

L'Arc de Triomphe apporte une notion de succès, d'importance et bien sûr de Triomphe.

La Cathédrale Notre-Dame met bien sûr l'accent sur l'aspect religieux en général, sur la Vierge, mais aussi sur Isis...

La Pyramide du Louvre est une clef majeure concernant Napoléon.

Elle apporte une notion d'importance.

C'est la clef universelle réservée aux personnalités les plus marquantes et aux évènements exceptionnels.

Mais la clef qui concerne l'Empereur, est avant tout, son tombeau qui trône sous le dôme des Invalides.

La Statue de la Liberté du Pont de Grenelle est une représentation cachée en terre de France de la déesse égyptienne Isis.

De nombreuses preuves sont apportées viennent attester ce fait.

Le Trocadéro (Palais de Chaillot) possède trois clefs sexuelles consacrées à la Création de la Vie, l'acte primordial pour l'Humanité.

On y trouve l'Esplanade des Droits de l'Homme représentant le sexe féminin, la Fontaine de Varsovie évoquant par sa forme le sexe masculin.

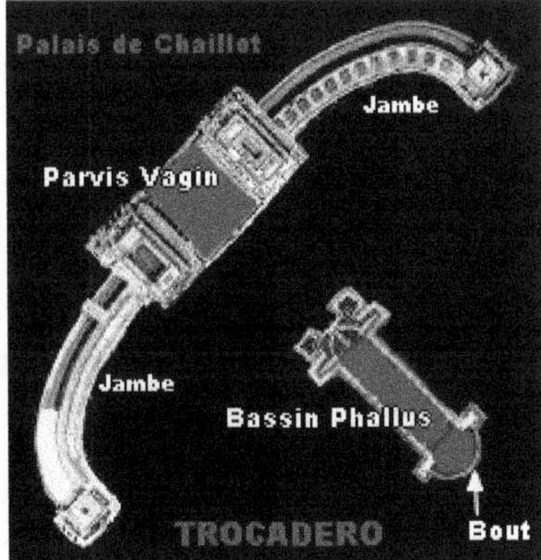

Illustration du Palais de Chaillot (Trocadéro), et de la Clef de la Mise au Monde du Code.(appareil génital féminin).
Dessous, la Fontaine de Varsovie, en forme de phallus, représente le sexe masculin.
Son extrémité est la Clef de la Création dans le sens large du terme.

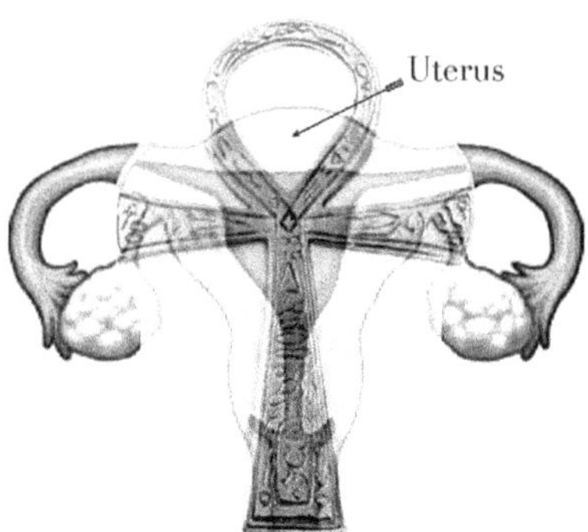

L'œil de l'Aigle des Buttes-Chaumont

Cette fameuse clef, l'une des plus performantes du Parisis Code est capable de nous prouver qu'elle est la meilleure, et que son nom n'est pas usurpé.
Pour cela, il suffit de joindre l'Arc de Triomphe à la pupille de l'œil ; à savoir le petit temple de la Sybille qui domine le rocher de l'île du parc des Buttes-Chaumont.

Cet axe, vers l'Est, au Pré Saint-Gervais, atteint : 1) l'Avenue de l'Aigle, 2) la rue de Bellevue, 3, la rue du Regard. Nous faut-il plus de preuve?

Le parc des Buttes-Chaumont, dessine, vu du ciel, une clef suggestive extrêmement importante pour le code ; il s'agit d'une tête d'Aigle. C'est son œil qui dans le code, s'est révélé être une des clefs les plus actives.

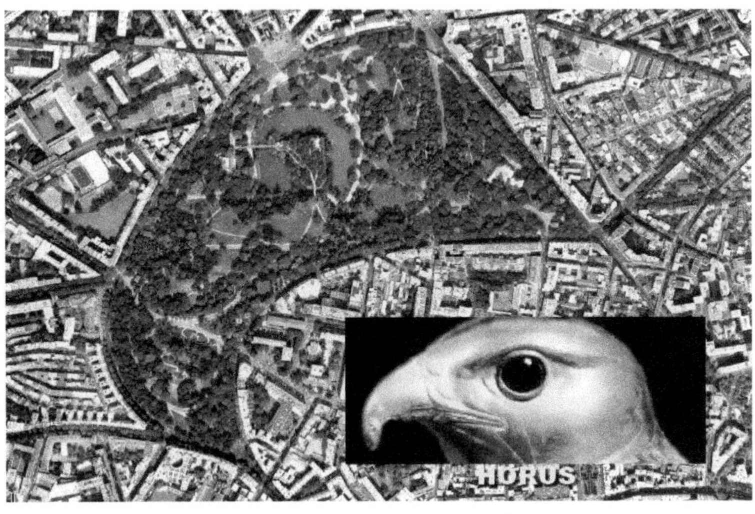

Horus est le fils d'Isis et d'Osiris. *Dans le Parisis Code il regarde l'endroit où est née sa mère...*

L'œil de Horus est l'un des symboles de régénération et de renaissance les plus célèbres du mythe d'Osiris ; il connut une grande importance dans la civilisation égyptienne.

On le mettait à l'intérieur des bandelettes des momies, mais aussi sur les amulettes, gravures et papyrus.

L'Œil d'Horus est représenté par l'Œil de l'Aigle des Buttes-Chaumont. Cet Aigle représente aussi le Dieu à tête de Faucon Horus.

L'Œil de l'Aigle qui regarde l'Opticien Osiris (n°21, Avenue de Friedland), crée un axe qui passe sur l'Arc de Triomphe.

Cet axe atteint, à l'Est, au Pré Saint-Gervais, la rue de l'Aigle !

Reconnaissable par sa forme circulaire, unique à Paris, la Maison de Radio-France est la **Clef de la Communication**.

Généralement, les alignements transitent par le centre exact de ce cercle.

L'entrée principale du cimetière du Père Lachaise est naturellement la **Clef de la Mort**.
Elle donne des renseignements sur la date de la mort, l'endroit où elle est survenue ; parfois même l'emplacement exact de la sépulture !
La Villa Faucheur, le Passage des Soupirs, la Porte de l'Enfer du Musée Rodin, la statue de la Mort de la Faculté de Médecine - Campus des Cordeliers, n°15 rue de l'Ecole de Médecine, sont aussi des Clefs de la Mort.

Entrée du cimetière du Père Lachaise

Nous avons également la **Grande Croix du Christ** immense présence du Christ dans la Capitale, formée par l'Avenue Foch, l'Avenue de Malakoff et l'Avenue Raymond Poincaré.

Je la nomme parfois le Bellator, pour la différencier de la Croix Ankh. Le Bellator était le plus gros morceau qui avait été récupéré de la Vraie Croix du Christ.
Pour nous confirmer la véritable nature de cette configuration de voies en forme de Croix, symbole du Christianisme, il suffit de tracer un axe formé par la rue de la Clef et le centre de cette croix.

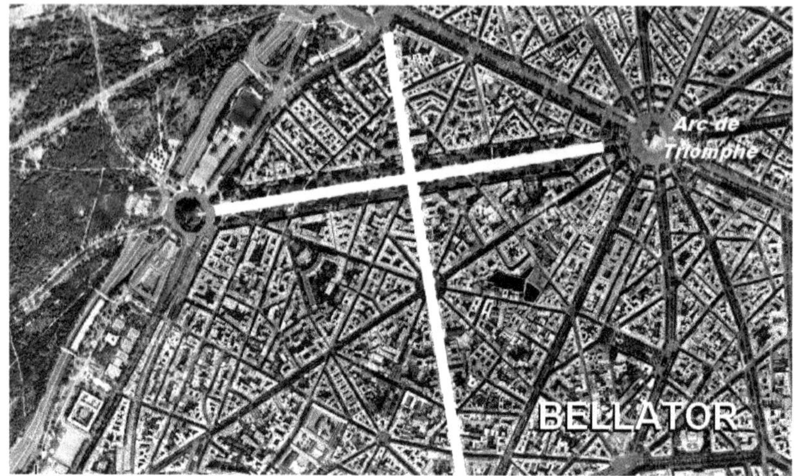

Cette clef nous révèle un message chrétien d'une grande Lumière.
Cet axe traverse la Grande Galerie de l'Evolution (Clef de l'Evolution), le Panthéon (tombeau des Grands Hommes), et l'église Saint-Sulpice (*Sulpice* n'est autre qu'une déformation du vocable Supplice).
Cet axe passe à quelques mètres de la Nonciature, l'Ambassade du Vatican.
Enfin, le **Grand Œil** (Observatoire de Paris) qui regarde la rue Dieulafoy (13ème arr.), forme un axe qui nous entraîne en plein centre de cette croix.

Le Grand Œil est l'Observatoire de Paris.

Le Grand Œil est une des clefs les plus performantes du Code, elle possède les mêmes fonctions que l'œil de l'Aigle des Buttes-Chaumont. D'ailleurs la ligne qui rejoint ces deux yeux passe sur la rue du Trésor… c'est tout dire !
Le code nous prouve qu'il utilise la Pyramide du Louvre, comme substitut à la Pyramide de Khéops : la ligne reliant la Clef de la Communication au restaurant "Villa Khéops" (n°58, Boulevard de Sébastopol), traverse bien la Pyramide du Louvre.

Déterminer l'emplacement exact d'un numéro de rue.

Sur les cartes de Paris ne figurent que quelques numéros de rue.
Attention, il ne faut pas déduire l'emplacement des autres numéros en fonction de ces indications !
Les adresses peuvent être très éloignées les unes des autres en fonction de l'importance des monuments, squares et autres paramètres placés de part et d'autre...
Pour déterminer avec précision l'emplacement exact d'un numéro sur une voie (rue, place etc...), vous devez impérativement aller sur internet et consulter Google. C'est très simple : taper le numéro et le nom de la voie.
Cliquer ensuite sur l'adresse désirée sélectionnée par le site *www.meilleursagents.com*, destiné aux agences immobilières.

L'emplacement se matérialise alors sur la carte avec la surface exacte occupée, entourée en bleu. Reporter ensuite ce point sur la carte.

Je préconise l'emploi de la carte Michelin n°55 au 1/10 000ème. Prendre de préférence une carte avec l'index des rues séparées afin d'éviter de retourner sans cesse la carte.

Substitution

Le Code utilise les noms qui ne concernent pas forcément la personne recherchée dans les alignements. C'est valable pour les sociétés. La Sarl ou la Sci Bardot peut très bien ne pas concerner Brigitte. Une rue Renaud peut être utilisée pour le chanteur ou pour quiconque port ce nom ou ce prénom.
Cela peut aussi être un homonyme, une ville qui porte le même nom qu'une ville étrangère ou vice-versa. Par exemple la rue de Valence concerne aussi bien la ville espagnole que la ville française.
Le code fonctionne également avec les adresses qui se trouvent dans une autre ville que Paris. Pour cela, il faut bien entendu que cette adresse exacte existe également dans Paris.
Même les numéros peuvent être utilisés. Par exemple, le Parisis Code indique clairement qu'il devait être découvert à mon adresse exacte à Strasbourg.
C'est pourquoi la ligne qui révèle cette découverte utilise mon adresse par substitution, à Paris.

Les points éphémères.

Le Parisis Code est parfois capable de fonctionner sans l'aide de rues ou même de clefs. Il peut utiliser des points éphémères que sont les bars, restaurants, magasins, sociétés ou hôtels.
Les sociétés (Sarl, Sci, Société personnelles etc...) ont un rôle prépondérant dans ce code. Ce rôle je l'ai ignoré ou sous-estimé pendant plusieurs années. Pourtant les adresses des sièges des sociétés génèrent un nombre considérable de lignes et les enrichissent.
Lorsqu'un parisien choisit un nom pour sa société et l'emplacement de son siège dans la Capitale, il est bien loin de se douter que sa décision n'est pas vraiment la sienne. Elle est guidée. Par qui, par quoi, mystère !
Ce qui est certain, c'est qu'aucune intervention humaine n'est à suspecter.
Même si cette affirmation vous parait fantaisiste, vous allez le constater par vous-même tout au long de ce livre.
C'est impressionnant, et pour moi c'est toujours un moment très fort émotionnellement parlant, et après 13 ans de recherches, je ne suis toujours pas blasé. On ne s'habitue pas au merveilleux !
Ce qui est mystérieux dans les paramètres formés par les sociétés, c'est leur côté éphémère.
En effet, lorsqu'une société est créée, elle participe activement aux alignements du Code.
Mais si celle-ci est radiée, même peu de temps après sa création, elle reste opérationnelle et visible sur internet si vous tapez son nom.
C'est d'ailleurs la même chose lorsqu'il s'agit des adresses où des personnalités sont nées ont vécu ou son décédées. Le souvenir de leur passage reste gravé dans l'Histoire et dans le Code.
Il faut savoir que Paris possède environ 1 500 hôtels, 6 200 restaurants et plus de 1 150 bars.
En 2012, 345 restaurants, commerces ou sociétés ont fermé leur porte... certains changent de nom.
Mais il s'en crée sans cesse de nouveaux et le souvenir des anciens persiste grâce à Internet.
L'exemple ci-dessous est particulièrement spectaculaire.

Le **Golden Gate** (Porte Dorée), est un pont célèbre construit en 1937, et situé à San Francisco, en Californie (USA). Il relie la ville de San Francisco, à la ville de Sausalito.

Si nous relions le restaurant **Golden Gate** (n°2, rue Daumier) à l'Hôtel **California** (n°16, rue de Berri), cette ligne traverse le restaurant **San Francisco** (n° 1, rue Mirabeau) !
Cet axe atteint au nord, la rue Joseph de Maistre où se trouve au n°31, un magasin de vêtements à l'enseigne "**Sausalito** !
Relions le Restaurant San Francisco (n°1, rue Mirabeau) à la station de Métro "Porte Dorée" (Golden Gate) ou encore l'Hôtel de la Porte Dorée (n° 273, Avenue Daumesnil).
Cette ligne traverse le magasin de vêtements "Sausalito", situé au 17, rue d'Odessa (14e).
Le code est capable de dire que Sausalito se trouve en Californie aux Etats-Unis !
La droite reliant la Place des Etats-Unis à un autre magasin "Sausalito", situé au n°31, rue Lepic, traverse bien l'Hôtel California (16, rue de Berri).

Autre exemple : l'Homme a mis le pied sur la Lune le jour de la Saint-Victor, grâce à une fusée Apollo…
La ligne, rigoureusement Nord-Sud, reliant la rue de la **Lune** à la rue **Saint-Victor** croise le bar **la Fusée** (168, rue Saint-Martin), et la Société **Apolo** (15, rue de Palestro) !
Le Grand-Œil qui regarde l'Hôtel **Apollo** (11, rue de Dunkerque - 10e) crée une ligne qui passe sur la rue de la **Lune**.

LISTE DES CLEFS PRINCIPALES DU CODE

Arc de Triomphe - Gloire, Triomphe,
Boucle de l'Ankh - Clef universelle, Musique, Destin
Œil de l'Aigle - Clef universelle, Vue, Découverte
Pointe du bec de l'Aigle - Point important, outil du sculpteur.
Couronne de l'Aigle - Souverains, Importance, Couronnement
Pyramide Louvre - Clef universelle, Tombeau, Napoléon
Parvis des Droits Homme - Sexe féminin, Maternité, Naissance,
Fontaine de Varsovie - Sexe masculin, Puissance, Création
Cimetière Père Lachaise (entrée) - Mort
Tour Eiffel - France, Paris, Antenne
Cathédrale Notre Dame -Vierge, Isis, Religion
Grande Croix du Christ - Christianisme, Jésus, mort d'un juif
Saint Sulpice - Prieuré de Sion
La Madeleine - Marie-Madeleine, descendance de Jésus
Maison Radio-France - Communication. Télévision, Diffusion
Obélisque - Puissance, , plume de 'écrivain,
Pyramide Inversée - Notion de contraire, Féminité
Rond-point Champs Elysées - Notoriété, Célébrité
Panthéon - Célébrité, Immortalité, Panthéon virtuel
Zénith - Le plus haut niveau
Tour Maine Montparnasse - Haut niveau, Intelligence, Supériorité
Statue Liberté - Isis, U.S.A, Liberté, déesse mère
Arc de Triomphe (Carrousel) - Triomphe, succès, couronnement
Cité de la Musique - Musique
Place du Trocadéro - Fœtus, l'Aiglon
Cours du 7ème Art - Cinéma, Comédiens
Grande Galerie de l'Evolution - Evolution importante pour l'Humanité.
Palais de la Découverte - Découverte, inventions
Mairies (Paris et banlieue) - Naissance
Statue de la Mort (Musée Dupuytren) - Mort
Observatoire de Paris - Le Grand Œil, Clef universelle, Oeil, Espace. (C'est aujourd'hui le plus ancien monument astronomique du monde encore en activité).

L'œil de l'Aigle des Buttes-Chaumont et le Grand-Œil (Observatoire de Paris) sont les deux clefs les plus importantes du Code.

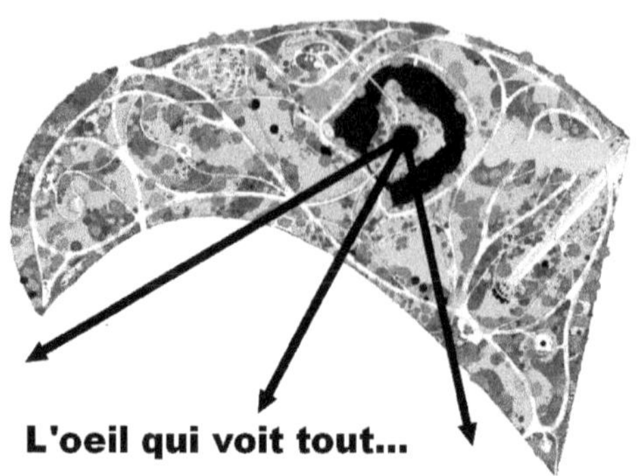

Coincidence, sérialite et synchronicité

A présent, il est plus que temps de réfléchir plus en profondeur sur ce nouveau phénomène qu'est le *Parisis Code*.
Devant quel phénomène nous trouvons-nous exactement ?
Tout au long de ces découvertes j'ai été tiraillé entre différentes explications plus ou moins rationnelles sans arriver à formuler une conclusion satisfaisante.
Mes lecteurs sont sûrement devant le même dilemme. Les personnalités bénéficiant du *Parisis Code* ont toutes un point commun : leur vie semble avoir été réglée par une puissance souveraine, une loi supérieure.
Bien sûr, devant l'énormité de ce Code, on est vivement tenté d'utiliser le fameux mot *coïncidence*, bouée de secours bien connue et fort pratique pour les personnes aspirant à la tranquillité de leurs méninges.
D'autres « bouées » moins souvent utilisées existent : la sérialité ou *loi des séries* et enfin la synchronicité.
Il convient de bien comprendre la différence entre ces différents phénomènes de la même famille pour voir dans quelle catégorie nous pouvons ranger notre mystérieux code.
La superstition est l'art de se mettre en règle avec les coïncidences. disait Jean Cocteau…
Tout d'abord, les **coïncidences** ordinaires sont des rencontres fortuites ou des événements simultanés présentant une certaine ressemblance ; celles-ci peuvent s'expliquer par les probabilités.
Par exemple vous voyez quelque chose ou quelqu'un à l'instant même où vous étiez en train d'y penser.

La **serialité** est une répétition d'événements, de symboles ou de faits analogues ou identiques qui se déroulent dans le même laps de temps ou dans le même espace.
C'est aussi la répétition anormale de faits inopinés présentant une ressemblance. Exemple : plusieurs personnes qui ne se sont pas consultées vous offrent le même cadeau.
La **synchronicité** est un phénomène beaucoup plus complexe.
Il s'agit d'une « super » coïncidence dans laquelle la personne impliquée se trouve devant un fait extraordinaire, dont la probabilité d'accomplissement est tellement improbable que cela lui procure un sentiment d'importance au sein de l'Univers ; en fait comme si cette personne avait été choisie.
La synchronicité est tellement chargée de sens qu'elle laisse un sentiment troublant et indéfinissable. Le principe de synchronicité a été mis au point par Jung et Pauli (1900-1958).
Carl Gustav **Jung** était le disciple préféré de Sigmund **Freud**, le théoricien de l'inconscient individuel.
Wolfgang Pauli était un physicien américain d'origine autrichienne et prix Nobel de physique en 1945.
Pour de nombreux scientifiques, les synchronicités auraient des conséquences incalculables sur notre vision de l'Homme et de l'Univers.
Elles démontreraient que les êtres, les événements et les choses ne sont pas régis uniquement par la causalité et un hasard aveugle, mais qu'ils sont également reliés par le sens et la ressemblance.

La relativité et le destin

Pourquoi, dans le Parisis Code, rencontre-t-on en permanence, sous forme d'alignements, des événements prévus de longue date ?
Pour ceux que le mot "Dieu" dérange, il est possible de le remplacer par le mot "Intelligence" ou "Les Dieux", les "extraterrestres, le Grand Architecte de l'Univers, l'Inconnu ou encore, pourquoi pas "La Fée Clochette". Cela ne change en rien la nature de ces propos.
Ce qui semble plausible : tous les événements qui ont eu lieu dans le passé, qui auront lieu à l'avenir ou qui se déroulent

actuellement se sont en fait déjà produits et achevés. Ils ne sont pas limités par le temps et l'espace.
De même, l'éternité a également été vécue, à l'image des prises de vues dans une bobine de film.
Comme notre cerveau est habitué à un ordre d'événements déterminé, nous supposons que le temps est toujours allé de l'avant. Cependant, c'est un choix relatif décidé par notre cerveau.
En réalité, nous ne pouvons jamais savoir de quelle manière le temps suit son cours ou même s'il le suit vraiment, car le temps n'est pas un fait absolu, mais une sorte de perception ; il n'a aucune existence propre, sauf si nous le mesurons. Il dépend entièrement de celui qui le perçoit et est donc relatif.
Comme il n'existe aucune horloge naturelle dans le corps humain pour le mesurer précisément, la vitesse à laquelle il s'écoule diffère selon des références que nous utilisons pour le mesurer. De même que la couleur n'existe pas sans l'œil pour la discerner, un instant, une heure ou un jour ne sont rien sans un événement pour les marquer. La relativité du temps est pleinement vécue dans les rêves.
Même si ce que nous rêvons semble durer des heures, dans la réalité cela ne dure que quelques minutes, voire quelques secondes.
Le temps est une perception psychologique qui peut être perçu différemment par différentes personnes dans des circonstances différentes.

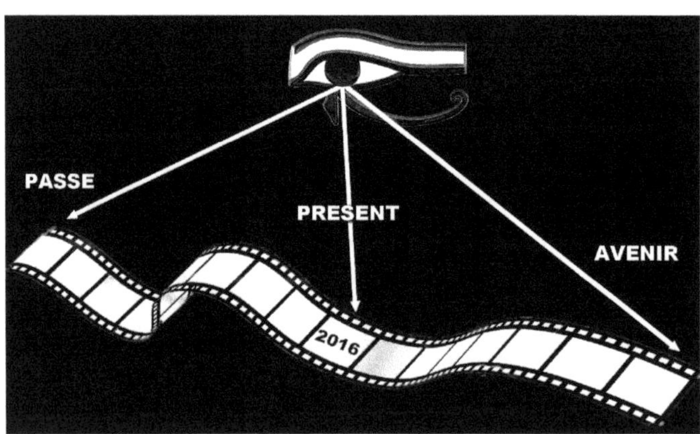

Expérience de la chambre close

Supposons que nous soyons retenus pendant une certaine période dans une pièce munie d'une seule fenêtre permettant de voir le lever et le coucher du soleil. Une horloge nous informerait du temps qui passe...
Quelques jours plus tard, nous serions capables de dire combien de temps nous avons passé dans la pièce.
Imaginons que, selon nos estimations, nous avons passé trois jours dans la pièce. Par contre, si la personne qui nous a mis dans cette pièce affirme que nous n'y avons passé que deux jours, que le soleil que nous avons vu par la fenêtre avait été artificiellement simulé et qu'enfin l'horloge avait été réglée de manière à fonctionner plus rapidement, alors le calcul que nous aurions fait n'aurait plus aucun sens, puisque basées sur des références relatives.

Le destin

Cette relativité du temps est très importante, car elle est si variable qu'une période nous paraissant durer des milliards d'années peut n'être qu'une seconde seulement selon une autre perspective.
Une période de temps phénoménale, s'étendant du commencement du monde à sa fin, peut ne durer qu'une fraction de seconde dans une autre dimension.
C'est l'essence même du concept de destin - un concept nié en particulier par les matérialistes. Le destin est la preuve d'une connaissance parfaite de tous les événements passés ou à venir. Mais comment est-il possible de connaître les événements avant qu'ils ne se produisent ?
Cette question empêche certains de comprendre la réalité du destin.
Les événements qui ne se sont pas encore produits n'apparaissent pas pour nous qui sommes lié au temps ou à l'espace. Nous ne les vivons que lorsqu'ils se produisent.
Ainsi nous sommes témoins du destin qui a été créé pour nous.
Pour Dieu, le passé, l'avenir et le présent sont exactement identiques car il les a lui-même créés. Pour lui tout a déjà eu lieu et s'est achevé.

Tout comme nous pouvons facilement voir les deux extrémités d'une règle et son centre, Dieu connaît le temps auquel nous sommes soumis comme s'il s'agissait d'un seul moment depuis son commencement à sa fin.
Certains pensent que Dieu a déterminé "un destin" pour chaque homme, mais qu'il est possible de le modifier.
En fait, personne n'est en mesure de changer son destin. Toutes choses qui se produisent ne sont que l'accomplissement du destin. Tout ce qui est inscrit dans le Parisis Code de manière plus ou moins caché se produira et ne pourra être révélé qu'après son accomplissement.
Le destin est la connaissance éternelle de Dieu, et pour lui, qui connaît le temps comme un moment unique et qui règne sur la totalité du temps et de l'espace, tout est déterminé et s'achève en destin.

Le dieu hasard....

Théophile Gautier. " Le hasard, c'est peut-être le pseudonyme de Dieu quand il ne veut pas signer."
Albert Schweitzer (théologien et philosophe a dit : " Le hasard est le pseudonyme que Dieu choisit quand il veut rester incognito"
La ligne reliant "Au Hasard" magasin de vêtement (40, Avenue de de Clichy) au Passage de la Providence (20e), traverse la rue Dieu !
L'entreprise "Divine Providence" se trouve au n°2, Impasse Morlet (11e). Elle se trouve sur la ligne reliant le Passage Dieu à la rue de la Providence.
La Providence a voulu que cette Impasse Morlet croise la ligne reliant la rue de la Providence au Passage de la Providence (20e).
L'objectif ou le but de la divine providence est d'accomplir la volonté de Dieu. Pour s'assurer que ses objectifs sont atteints, Dieu gouverne les affaires des hommes et agit au travers de l'ordre naturel des choses.
Les lois de la nature ne sont pas autre chose qu'une image de Dieu à l'œuvre dans l'univers.
Les lois de la nature n'ont aucune puissance par elles-mêmes, et elles sont incapables de travailler de façon indépendante.

Les lois de la nature sont les règles et les principes que Dieu a mis en place pour maîtriser le fonctionnement de l'univers.

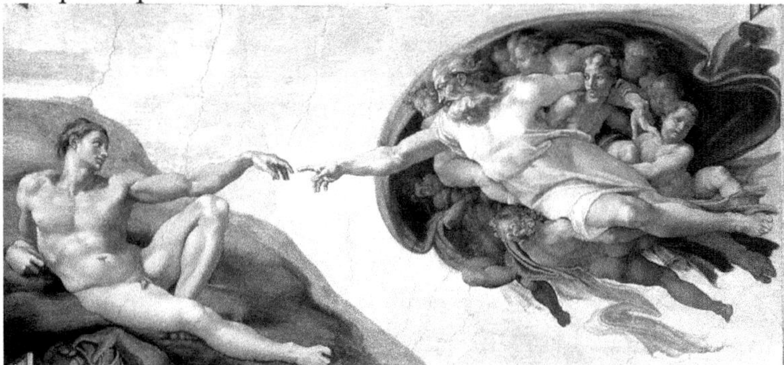

La Providence : intervention entre Dieu et l'Homme ...

A Paris, il existe une rue Dieu, mais aussi deux voie minables séparées de 66,6 m seulement : l'Impasse Satan et le Passage Dieu... Ces deux petites voies privées sont séparées par le Centre de Santé des Orteaux.
Deux accès sont possibles, mais si un jour, vous sortez les pieds devant de cette clinique, surtout choisissez bien votre sortie : par le Passage Dieu ou…par l'Impasse Satan (l'été on y grille paraît-il quelques saucisses !
A la sortie du Passage Dieu, le Théâtre "Les rendez-vous d'ailleurs" (107 Rue des Haies) vous attend...

LES ARTISTES FRANCAIS

L'œil de l'Aigle des Buttes Chaumont qui regarde la rue des Artistes (14e), crée un axe qui traverse le Nouveau Conservatoire (rue Edgar Varèse), le Cirque d'Hiver Bouglione (rue Amelot)... et le restaurant "l'Entrée des Artistes" (n°8, rue de Crussol) !
L'axe passe à proximité du Zénith.

Le Saint-Patron des Chanteurs (classiques ou modernes) est Saint- André. Dans le Parisis Code, l'église a qui revient la lourde charge de le représenter dans Paris est l'église Saint-André de l'Europe, située rue de Saint-Pétersbourg.
Le grand Œil (Observatoire de Paris), qui regarde cette église, forme une ligne qui traverse le *Temple de la Chanson* : l'Olympia !
Le code nous montre qu'il préfère la musique Classique. En effet, l'église Saint-André de l'Europe orientée sur l'entrée de l'Opéra Garnier crée un axe qui tombe sur le Panthéon, après avoir traversé la rue et la Place Saint-André-des-Arts !
Le poète Charles **CROS** (1842-1888) est maintenant reconnu pour avoir été le véritable inventeur du phonographe.
Le *Grand Prix de l'Académie du Disque Charles Cros* récompense les artistes, vedettes de la musique et de la chanson.
La rue Charles Cros (20ème) alignée sur l'Olympia, crée une droite qui passe par le centre de l'Ankh (Place de l'Opéra) mais aussi par le Rond-Point des Champs-Elysées, Clef de la Célébrité. Charles Cros n'obtiendra jamais la paternité de son invention, et il mourra dans le dénuement le plus complet, à l'âge de 36 ans. Thomas Edison, américain fortuné, a eu les moyens de réaliser le prototype de phonographe à sa place.
En guise de clin d'œil macabre, la droite reliant la rue Charles Cros à l'Avenue Edison passe sur la clef de la Mort (entrée du Père Lachaise).

CLAUDE FRANCOIS

Pour résumer le côté *Clef du Destin* de l'Ankh, avec un exemple très parlant (ou plutôt chantant), je vais évoquer le cas du chanteur (très) populaire des années 60 et 70 : **Claude François** dit Cloclo pour ses nombreux fans.
Sa chanson la plus célèbre dans le monde, "My Way" (mon chemin), illustre bien son parcours encodé sous forme de lignes dans Paris.
A son époque, il fut le seul rival de Johnny Hallyday. Ils sont aujourd'hui réunis à Paris, par l'entremise du Musée Grévin (n°10, Boulevard de Montmartre).
Vingt-six ans après sa mort, Cloclo est réapparut assis sur un tabouret au musée Grévin le 20 juin 2004, jour de la Saint-Silvère... habillé d'un costume de scène en lamé argent (silver !!!) avec applications de pastilles rouges et argentées sur le revers, fabriqué par Camps de Luca. Claude affectionnait particulièrement ce costume fétiche avec lequel il a fait plusieurs concerts et posé pour de nombreuses couvertures de magazines de 1974 à 1976.
Le jour de son entrée au Grévin, sa "momie virtuelle", en cire fut entourée de ses fils et trois de ses fidèles "Clodettes".
Il avait pour voisin, à cette époque, les deux autres légendes Elvis et Marilyn.

Claude François (1939-1978), est né le long du Canal de Suez, près du lac Timsah, à Ismaïlia en Egypte, le 1er février 1939.
L'un de ses plus grands succès est la chanson *Alexandrie Alexandra* évoquant cette ville d'Egyptienne. Il n'en faut pas plus pour retrouver son nom dans le symbole égyptien de l'Ankh.
Claude François a chanté de nombreuses fois à l'Olympia.
La Place Claude se trouve sur le Boulevard Exelmans (16e), proche du n°46 où le chanteur avait élu son domicile parisien depuis 1962. Il occupait un appartement de 2/3 pièce sur la terrasse de cet immeuble moderne, au 9ème étage.
C'est là qu'il mourut électrocuté dans sa salle de bain le 11 mars 1978, à 14h45, âgé de 39 ans.
Le Sergent **Bernard Jacquinot** de la brigade des Sapeurs-pompiers de Grenelle (n°6, Place Violet) a tout tenté pour le ranimer…

Petite parenthèse, pour dire que **Brigitte Bardot** est née au n°5 de cette Place. C'est elle qui conseilla à Claude François de "monter" à Paris, et c'est encore elle qui lui trouva la commune où il habita (Dannemois, dans l'Essonne) et même sa propriété familiale, le Moulin de Dannemois.

Le Docteur **Noël** lui placera des électrodes sur la poitrine et lui injectera de l'adrénaline, mais rien n'y fera. Il ne parviendra pas à le ranimer. C'est lui qui entendra **son dernier soupir**, et lui fermera les yeux.
Il était tellement choqué qu'il n'a pas eu le courage d'annoncer la mort de Claude à sa fiancée Kathalyn et à son attachée de presse qui attendaient de l'autre côté de la porte…
Comment peut-on expliquer que la ligne de 10,2 kilomètres joignant l'adresse au Passage des **Soupirs**, passe sur la minuscule Cité **Noël** (3ème arr.); une impasse privée de 48 mètres de long ?

Il existe à Paris un homonyme du pompier ! C'est un généraliste, un certain Docteur **Bernard Jacquinot**, installé au n°13, Boulevard des Invalides. Là, encore, surprise !
La ligne reliant le bec de l'Aigle à l'adresse de Cloclo, passe exactement sur ce cabinet... Qu'en penser?
Le Code nous montre aussi qu'il existe un rapport entre cette adresse et l'électricité !
En effet, l'axe généré par la Clef de la Communication (Maison de Radio-France) et le n°46, Boulevard Exelmans, mène miraculeusement sur le Siège de la Direction Financière d'EDF, au n°2, rue Louis Murat (8ème arr.).
Cette ligne traverse l'Ambassade d'**Egypte** (n°56, Avenue d'Iéna).
Les deux lieux les plus marquants de sa vie (sa naissance et sa mort) sont ainsi marqués lisiblement dans le Code.

Les deux morts ratées de Cloclo

Deux ans et demi avant sa mort, la "Grande Faucheuse" le cherchait déjà...
Le 5 septembre 1975, il est la victime collatérale d'un attentat de l'IRA dans l'hôtel Hilton de Londres.
Il doit la vie à une cliente qui, étant devant lui, le protège involontairement de la déflagration d'une première bombe cachée sous une table. Vision d'horreur : il voit carrément la tête de cette pauvre femme, arrachée de son corps. Il en réchappera, mais avec les deux tympans crevés.
659 jours plus tard, le **25 juin 1977**, peu après minuit, Claude François prend la route en direction de sa résidence de Dannemois, à bord de sa Mercédès 450 SEL.

Sur l'autoroute, il double une voiture, qui n'apprécie pas et le double à son tour. Lors d'un ultime dépassement, Claude fait une queue de poisson à l'autre voiture, laquelle se lance alors à sa poursuite, à près de 230 km/h.
Claude essuie plusieurs coups de feu des occupants, mais en sortira indemne. Quelques semaines plus tard, il apprendra que les auteurs des coups de feu étaient fichés au grand banditisme.
Il ne lui restait que 8 mois et demi à vivre....
Entre ces deux morts ratées, le **15 octobre 1976**, soit 17 mois avant sa mort, il sort son propre parfum : *Eau noire*. Un nom inspiré des eaux du Nil, le fleuve qui baigne son pays natal, l'Egypte.

Eau noire sonne un peu comme une annonce de sa future mort. En effet, c'est l'**eau** qui, combiné avec le courant électrique, est à l'origine de son arrêt cardiaque...Une eau **noire** comme la mort.

À la demande de ses proches, le chanteur est embaumé, à l'instar de son idole Elvis Presley, vêtu d'un costume en velours bleu nuit et d'une simple chemise blanche, avant d'être enterré au cimetière de Dannemois, cette petite commune de l'Essonne (800 habitants) à 50km de Paris.

Le Moulin de Dannemois

En 1963, Claude François cherchait à acquérir une propriété en dehors de Paris, de préférence avec un point d'eau.
Finalement, c'est Brigitte Bardot qui lui trouva en 1964 un moulin avec une petite rivière, un plan d'eau et une cascade…tout pour lui plaire. Ce fut le Moulin de Dannemois, un moulin à eau du XIIe siècle, sur la rivière "Ecole", où il vivra pendant 14 ans, et qu'il surnomma « la ferme du bonheur » ; il en fera d'ailleurs une chanson.
Cloclo ne profita de cette demeure que tous les week-ends, même si ses galas se déroulaient en province. La semaine il vivait dans son appartement parisien du Boulevard Exelmans.
Pour le jardin du Moulin, Claude avait fait appel à un jardinier du Château de Versailles. Il y fit construire une piscine identique à celle d'Elvis Presley, à Palm Springs (Californie). C'est là, en 1967 qu'il composera avec J. Revaux et G.Thibault, son plus grand tube planétaire : Comme d'habitude (devenu My Way).

Jeanne d'Arc se serait arrêtée trois jours au Moulin de Dannemois avant de se rendre à Chinon rejoindre Charles VII.
On peut d'ailleurs y voir un médaillon à son effigie sculpté sur le linteau de la cheminée en pierre de la salle à manger.

Cette propriété a été vendue en 1998 à un couple de boulangers de Dordogne, Pascal et M-Claude **Lescure**, fans inconditionnel de Cloclo.
Ils ont restauré à l'identique le Moulin et l'on transformé en Musée Claude François, qui accueille plus de 20.000 fans par an. Un restaurant et un hôtel de 12 chambres occupent une autre partie du domaine.

La chambre de Claude qui se trouvait à l'étage, est restée dans l'état où il l'a laissée depuis le jour de sa mort. On y trouve

encore sur sa table de nuit, comme une ironie du destin, son livre de chevet "Comment faire pour aller mieux"... qui ne précisait pas qu'il était préférable de ne pas toucher aux fils électriques les pieds dans l'eau… et sa coupelle d'eau bénite (qui ne l'a pas sauvé non plus).
Dans la salle de bain, on retrouve sa brosse à cheveux et le peignoir en soie à ses initiales ainsi que les deux flacons de parfum qu'il mélangeait (Rive gauche d'Yves Saint Laurent et bien entendu le parfum l'Eau Noire qu'il avait lui-même créé.
On trouve aussi en bonne place, un buste le représentant, sculpté par l'artiste Paul Belmondo.

Etrange coïncidence

Le 11 mars 1978, c'est le journaliste Pierre **Lescure** qui est chargé d'annoncer la mort accidentelle de Claude François.
Deux décennies plus tard, le couple **Lescure** (sans lien avec le journaliste) rachète le moulin abandonné, pillé et tagué…

La ligne partant de l'Hôtel Particulier de Claude François (n°122, Boulevard Exelmans), et passant par l'entrée principale de Radio-France (Clef de la Communication), crée un axe qui atteint la Sarl Destin (n°4, rue du Général Camou), et le restaurant **Lescure**, rue de Mondovi.
Un hasard d'homonymie troublant, que l'actuelle propriétaire du musée a toujours ressenti comme « un signe ».

Destin…

La naissance de Claude François, en Egypte, est confirmée par un alignement symbolique particulièrement troublant :
La ligne Place Claude François - Clef de la Communication (Radio-France) - Ambassade d'Egypte (n°56, Avenue d'Iena) traverse un point situé entre la Clef de la **Mise au Monde** et la Clef de la **Création**.
Ce qui signifie clairement qu'il fut conçu et né en Egypte.
De plus, cette ligne passe sur l'Eglise **Notre-Dame d'Auteuil** où furent célébrées ses funérailles, le 15 mars, jour où sorti son dernier succès "**Alexandrie-Alexandra**" !
La pointe du bec de l'Aigle des **Buttes-Chaumont**, alignée sur le lieu de sa mort, crée une ligne qui passe sur la rue d'Alexandrie !
Rappelons qu'au moment de sa mort, il était attendu pour participer à l'enregistrement de l'émission de télévision "Les Rendez-vous du Dimanche", aux **Buttes-Chaumont**.

Le 10 mars, veille de sa disparition, à Leysin, en Suisse, Cloclo avait accordé un entretien à la journaliste Vera Baudet pour un quotidien suisse-allemand.
Voici ses propos terriblement prophétiques :

" *La conclusion de notre périple sur Terre, c'est la mort... J'ai l'impression sur Terre que je me bats assez agréablement, je voudrais même vivre éternellement, c'est bien-là le problème! Mais je me rends compte que la chose irrémédiable, c'est la mort, qui arrive à grand pas, et çà, j'avoue que je la crains terriblement...* ".

Son dernier concert à Paris, date du **30 juin 1975** ; il était donné au Jardin des Tuileries, au profit de la recherche médicale.
Un public de 30.000 personnes l'attendait avec des hurlements frénétiques…

Le **17 décembre 1975**, jour de la Saint-Lazare il chanta au Palais de l'Elysée devant le Président de la République Valery Giscard d'Estaing, pour le Noël des enfants. Il chanta même en duo avec lui…

Dans le Code, la ligne reliant la Place Claude François à la rue Saint-Lazare (17 décembre), passe sur deux pieds de la Tour Eiffel et… la Salle des fêtes de l'Elysée
L'œil de l'Aigle qui regarde la Place Claude François, crée une ligne qui passe sur le bassin circulaire du Jardin des Tuileries.
Le dernier concert de sa vie se déroula au Palais d'Hiver de Lyon le **24 février 1978**, deux semaines avant sa disparition.

La famille…

Janet Wollacott (Woolcoot) fut l'unique épouse de Claude François, pendant deux ans. Il l'avait épousée en 1960, à Monaco. Cette dernière est décédée en 2011.
Claude François a eu deux enfants avec sa compagne Isabelle Forêt, Claude (junior), et Marc ; mais aussi une fille… cachée. Isabelle a quitté Claude 4 ans avant son décès.
Petite fille de vigneron, Isabelle Forêt) connaît bien l'univers du vin.
Elle est œnologue, et a d'ailleurs signé le premier livre consacré aux femmes et au vin, "Elle et Bacchus", puis lancé un site pour les passionnées du vin.
Le Code, toujours ivre et avide de lignes, nous a concocté ce petit alignement tout récent, mais riche d'informations troublantes, en surnommant Isabelle Forêt, ": Isabelle François", s'il l'avait épousée...
Ainsi la ligne reliant l'adresse de **Claude François** (n°46, Boulevard Exelmans) à la Société **Madame Isabelle François** (n°11, rue Mariotte), passe sur la Clef de La **Communication**, devant le **Musée du Vin** (n°5, Square Charles Dickens), et sur la Fontaine de **Varsovie** (Trocadéro), la Clef de la **Création** (puisqu'elle lui a donné deux enfants…)… "Varsovie" car elle a des origines polonaises…
On remarquera que pour réaliser cet alignement, le Code utilise un homonyme du nom de femme mariée d'Isabelle Forêt (François). De plus, cette société est récente (août 2015).
Claude François possédait une des plus belles caves de Paris (10.000 bouteilles), alors qu'il ne buvait pratiquement pas de vin. Je soupçonne sa compagne Isabelle de l'avoir incité à créer cette cave…

Mais me direz-vous, qu'est ce qui nous prouve que la Société **Madame Isabelle François** (n°11, rue Mariotte), a bien été choisie pour représenter symboliquement la mère des fils de Cloclo, **Claude et Marc** ?
L'œil de l'Aigle qui regarde la Société **Madame Isabelle François**, crée une ligne qui passe sur la Sci "**Claude et Marc**" (n°19, Boulevard de Rochechouart)… c.q.f.d
Remarque : la Sci "**Claude et Marc**" (qui n'a rien à voir avec les fils de Cloclo), se trouve à moins de 100 mètres de la Société Flèche Production (62, rue de Dunkerque), dirigé par le fils de Cloclo, Claude Junior. Elle était encore en activité en 2016… Quelle coïncidence (si ce mot a encore une signification au regard de ce Code).
La ligne reliant la Sci "**Claude et Marc**" à la Place **Claude François**, passe sur la Sarl **Destin** (n°4, rue du Général Camou).

La tombe de Cloclo à Dannemois. La statue est de Franco Biasia.

La Place Claude François fut inaugurée 22 ans plus tard, jour pour jour, le samedi 11 mars 2000 à 11h…
Si nous traçons une ligne de 5,7 km qui part de cette place et vient rejoindre le centre de la boucle de l'Ankh (l'Opéra Garnier, symbole de chant et Clef du Destin du Code), celle-ci passe exactement sur l'Olympia.
En conclusion, on peut donc raisonnablement penser que cet alignement est voulu et que ce chanteur a été téléguidé pour choisir comme lieu de vie (et de mort) cet endroit précis qui tient étrangement compte de plusieurs paramètres significatifs de sa vie.
La carrière de Claude trouve son origine dans le bar **Le Papagayo**, à Saint-Tropez, où il rencontre **Brigitte Bardot** et Sacha Distel qui le persuadent de monter à Paris…
Cette "naissance" est inscrite dans le Code. La ligne reliant la Place Claude François au restaurant parisien "**Papagayo**" (n°38, rue Baron), passe sur la Clef de la Mise au Monde (l'Esplanade du Trocadéro), sur la Fondation **Brigitte Bardot** (n°28, rue Vineuse), et sur la Clef de la Communication (Maison de Radio-France).
A remarquer que la Fondation **Brigitte Bardot** ne s'est "greffée sur cette ligne qu'en 1986, huit années après la mort de Claude…
Oui, les lignes ne cessent de s'enrichir de nouveaux paramètres au cours des années, pour fournir encore plus de précisions.
C'est aussi un des mystères de cet étrange système.

Le n°46, Boulevard Exelmans, où mourut Claude François, au 9ème étage.

Le 12 mars, lendemain de la mort de Claude (souvent pris comme référence dans le Code) est la Sainte Marie-Rose.
La droite rue Marie-Rose (14e) - Place Claude François traverse l'église Saint-François, qui se trouve précisément dans cette rue.
La ligne reliant l'adresse exacte (n°46) où est mort Claude François à la **Sci du 11 mars** (48, Avenue Georges Mandel) crée un axe qui se dirige sur le centre exact de la Grande Croix du Christ (Avenue Foch - Avenue Raymond Poincaré), symbole de mort.

La Place Claude François n'est pas devant le domicile, mais 150 mètres plus à l'Est.
L'année 1962 fut particulièrement importante pour lui ; c'est le début de sa carrière de chanteur, le 27 septembre ; c'est aussi l'année de l'acquisition de l'appartement dans lequel il décédera 16 ans plus tard.
A Montmartre, nous trouvons la boutique "Génération 1962" (n°4, rue Tholosé), qui, alignée sur la Place Claude François, forme une ligne qui passe sur la Flamme de la Liberté de la Place de l'Alma, et sur l'Hôtel "Secret de Paris".
Comme nous l'avons vu, la boucle de l'Ankh est la Clef du Destin.
Le destin de Claude François pris un tournant décisif le 27 septembre 1962, jour de la Saint-Vincent-de-Paul.
La ligne reliant la Place Claude François à la rue Saint-Vincent-de-Paul passe bel et bien sur la boucle!

Le label prémonitoire

En 1967, Claude François créa son label "Flèche" au n° 122, Boulevard Exelmans, dans son Hôtel particulier.
En créant le logo de ce label, Jean-Marie Périer, pouvait-il un jour se douter qu'il illustrerait parfaitement la mort de Cloclo, par électrocution ? En effet la mise en scène de ce logo imaginée par Claude François est troublante.
On le voit désignant de son doigt droit le ciel (symbolisant la mort). Son corps est traversé par un éclair jaune symbolisant le courant électrique.

Troublant, concernant ce label créé en 67 par le photographe Jean-Marie Périer :
La ligne reliant la Sarl **1967** (n°42, rue du Point du Jour - Boulogne-Billancourt), à l'adresse de **Jean-Marie Périer** (71, Avenue des Ternes), passe sur la Sci du **11 mars** (48, Avenue Georges Mandel) évoquant la mort de Claude. De plus cette ligne passe sur le Boulevard Exelmans.
Claude venait de prendre son bain ; il avait encore les pieds dans l'eau…C'est en voulant redresser une applique murale défectueuse aux fils dénudés située au-dessus de sa baignoire que Claude François s'est électrocuté.
Il a succombé à un œdème pulmonaire, sous les yeux de Kathalyn, sa compagne. Celle-ci a survécu à l'électrocution grâce à ses sabots aux semelles de bois, non conductrice d'électricité. Depuis quelque temps, Claude savait que l'électricité de son appartement était défaillante.
Après sa mort, on a d'ailleurs retrouvé une des notes de service à destination de son personnel: "J'en ai marre que l'installation électrique de l'appartement ne marche pas ! Fais-moi venir ce putain d'électricien !"

En Suisse, la veille du drame, il avait même noté sur un bout de papier "Pensez EDF", en soulignant EDF !
Jusqu'à présent personne n'avait jamais pu voir la fameuse applique murale responsable de son décès.
En mai 2014, à Arles, le 17ème Festival européen de la photo de nu (FEPN), a exposé des photos érotiques prises par Claude François, alias **François Dumoulin** quand il passait derrière l'objectif...
Cloclo était un grand passionné d'érotisme ; avait racheté tout le mobilier du célèbre bordel parisien One Two Two (n°122, rue de Provence) quand il a fermé.
Dans le Code, la ligne reliant la **Sci du 11 mars** (48, Avenue Georges Mandel) à la Société **Monsieur François Dumoulin** (un homonyme), au n°49, rue Boissonnade, passe sur le Passage d'Enfer... Cette collection des photos érotiques de Claude effectuée pour son magazine Absolu, qui fut pendant quelques temps un sérieux concurrent de Play Boy, montre entre autre la photo d'une jeune femme posant nue dans la salle de bains de Claude, au n°46, Boulevard Exelmans, en mars 1974, soit 4 ans avant la mort du chanteur.
Dans le miroir, on aperçoit le reflet de la funeste applique... Cette photo très émouvante appartient à Fabien *Lecœuvre,* chroniqueur télé et radio et auteur d'ouvrages sur la chanson française, qui la dévoile pour la première fois.

Tiré du film "Cloclo" (2012) de Florent Emilio-Siri

Le spectre de la Mort

Claude François avait peur de vieillir. Le Destin l'a exaucé…à sa façon.

Le matin, il se faisait servir son habituel œuf à la coque avec du caviar. Non pas parce qu'il aimait ça, mais son médecin lui avait affirmé que c'était des cellules fraîches, excellentes contre le vieillissement…

Sa mort stupide est aussi entourée d'une aura quasi paranormale.

Claude François était très superstitieux et fréquentait les gitans depuis qu'en 1960, une voyante lui avait prédit une gloire extraordinaire mais que sa vie serait courte. C'est pourquoi le spectre d'une mort prématurée le hantait.

Deux mois avant de mourir, il racontait à sa sœur que dans ses rêves apparaissait régulièrement une silhouette de femme au regard terrifiant…

Pour chasser ce fantôme inquiétant, il alla jusqu'à asperger sa chambre à coucher d'eau bénite.

Mais, une semaine avant sa mort, il racontait à son ami le compositeur J-C Bourtayre, que dans un nouveau cauchemar, il s'était vu mourir.

La veille de sa mort, c'est sa mère (qui faisait régulièrement des rêves prémonitoires) qui vit son fils occupé à noyer un bébé dans une baignoire. Dans la chambre de Claude, plusieurs personnes pleuraient….

Dernier clin d'œil à Claude François...

Un des grands succès de l'année 1974, fut sa chanson "Le Téléphone pleure". Quatre ans plus tard, de nombreux téléphones devaient pleurer, le lendemain de sa disparition.
A noter que sur la pochette de son disque, en bas à droite, on peut lire le titre d'une de ses chansons "Quand la pluie finira de tomber". Une phrase qui après coup peut être interprétée comme : après avoir pris ma douche... puisque c'est à ce moment qu'il manipula l'applique murale défectueuse.
En 2006, en plein milieu du Pont du Garigliano, à 350 mètres seulement de la Place Claude François, fut installée une œuvre de Sophie Calle et Frank Gehry appelée "**Le Téléphone**".
Une cabine de luxe puisqu'elle a coûté la bagatelle de 270 000 euros...
Cette cabine téléphonique en forme de fleur "déstructurée" et aux couleurs vives fonctionnait vraiment.
Par contre on ne pouvait rentrer en communication qu'avec l'artiste... Quel rapport avec Claude François ?
Cette cabine se trouvait dans l'alignement Place Claude François, son adresse du n°46, Boulevard Exelmans, au pied de laquelle beaucoup de fans ont pleuré ce jour funeste du 11 mars 1978.
Son producteur Paul Lederman se trouve aussi sur cet alignement.
"**Le Téléphone**", qui avait subie quelques dégradations fut soudainement enlevé le 12 mars 2012, le lendemain de la date anniversaire de la mort de Claude François, et 2 jours avant la sortie du film Cloclo, retraçant l'histoire de sa vie.

La ligne reliant la Place **Claude François** au bar **Le Téléphone** (n°54, rue Guy Môquet), passe sur la Clef de la **Communi cation**.
La ligne reliant le domicile parisien de **Claude François** au bar **Le Téléphone** (n°54, rue Guy Môquet), passe sur la Clef de la **Mise au Monde** (Esplanade du Trocadéro). Claude est l'un des auteurs de la chanson "Le Téléphone pleure"... vendue à plus d'un million d'exemplaires.

Le Téléphone (S.Calle) 2006-2012

L'appartement maudit…

Lors de l'achat de l'appartement du n°46, Boulevard Exelmans, en octobre 1963, Claude ignorait qu'un drame venait de s'y dérouler. La femme de l'ancien propriétaire s'était en effet suicidée dans la baignoire, en s'ouvrant les veines.

Deux mois avant de mourir, Claude avait confié à sa sœur, que régulièrement durant son sommeil, il voyait une silhouette blanche de femme au regard terrifiant.

Puis le spectre disparut pour faire place à des cauchemars où il se voyait mourir.

En mars 1978, une semaine avant l'accident tragique, il s'en était confié au compositeur Jean-Pierre Bourtayre (*Le Téléphone pleure).*Par la suite, ce grand appartement sera revendu à plusieurs reprises.

Un nouvel occupant, superstitieux avait effectué des travaux. Ainsi, la salle de bain était déplacée, et à la place de celle-ci, il avait créé une chambre.

En 1996, on retrouva l'épouse du propriétaire mort dans son lit (ancien emplacement de la baignoire)… Il s'était tiré une balle de révolver dans la tête!

Hasard ou coïncidence : Claude, né en 1939, est décédé précisément 39 jours après son 39ème anniversaire !

L'œil de l'Aigle qui regarde la Place Claude François, passe sur la Sci du 39 (n°39, rue de la Grange aux **Belles**).

Belles, belles, belles fut la chanson qui le fit connaitre du grand public…

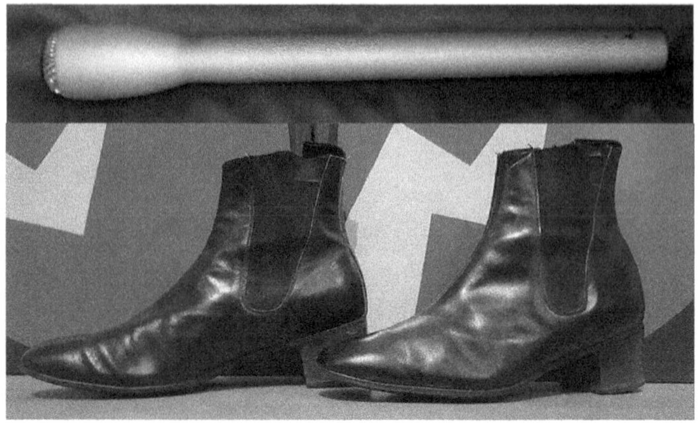

Son célèbre microet ses boots...

Lorsque sa mère (surnommée "Chouffa") était enceinte de lui, elle alla consulter une voyante, une femme âgée d'origine italienne, qui lui fit une curieuse prédiction. Elle lui annonça d'abord qu'elle attendait un garçon.
Elle ajouta : "Je vois le nom de votre fils écrit en lettres de feu.
Il rayonnera mais, cela s'arrêtera brutalement. Je ne peux pas vous dire pourquoi".
Claude François n'a donc pas échappé à son destin...

Les obsèques...

Les funérailles de Cloclo se sont déroulées le 15 mars à l'Eglise Notre-Dame d'Auteuil. Là encore des alignements sont respectés. La date est même inscrite dans le Code ! Ce n'est pas possible ? C'est bien mal connaître ce Code.
En effet la ligne reliant la Place **Claude François** à la **Sci du 15 mars** (n°82, rue Lauriston) passe sur cette église !
Cette église se trouve sur la ligne Place Claude François - Arc de Triomphe, et sur la ligne reliant les locaux de Flèche Prod (n°47, Avenue des Ternes) à la Place Claude François.

Coup de Théâtre !

En 1998, une femme belge néerlandophone (flamande) de 40 ans, ressemblant étrangement Claude François, et nommée **Julie Bocquet**, a révélé être sa fille cachée.

Grâce à sa mère biologique Fabienne, elle a pu réaliser un test ADN prouvant à 99,99% que les fils du chanteur sont ses demi-frères, et Claude François son père.
Sa mère, Fabienne D.V (13 ans à l'époque !) originaire de Grammont en Belgique, avait eu une dizaine de relations amoureuses avec le chanteur de 38 ans à l'époque.
Elle a accouché à Gand (Belgique) le 17 mai 1977, 9 mois avant la mort de l'artiste, et n'a pas souhaité garder l'enfant, qui fut alors adopté par un couple de flamand.
Grâce à un homonyme, le Code nous révèle un lien particulier de cette femme avec la mort du chanteur.
En effet la ligne reliant la Société **Madame Julie Bocquet** (n°18 rue Paul Bert) à la **Sci du 11 mars** (n°48, Avenue Georges Mandel) passe sur la Clef de la Mise au monde, Esplanade et Place du Trocadéro.
La ligne reliant la Société **Madame Julie Bocquet** à la Clef de la Communication (Radio-France), passe sur la Sarl **Révélation Prod** (n°8, rue de Commaille).
Mais le plus troublant est cet alignement, formé par la Société **Flèche Production** créée par **Claude François** en 1967, au n°47, Avenue des Ternes.
Alignée sur la rue Paul Bert où se trouve le siège de la Société **Madame Julie Bocquet** (n°18), cette adresse crée une ligne qui passe sur l'adresse d'un Gynécologue au nom qui interpelle : **Papa François** (n°28, rue de Richelieu).
Ce n'est pas moi, mais bien le Code qui a choisi ce paramètre. En effet, l'œil de l'Aigle qui regarde la Place Claude François, crée une ligne qui passe bel et bien sur l'adresse de Papa François. Un clin d'œil dont le code a son secret.

Claude François est donc père d'une fille portant le nom de Bocquet, **depuis 1977**... il existe dans Paris une Sci **Bocquet** (n°38, rue Jacques Louvel-Tessier), et une Sarl **Since 1977** (n°14, rue Jean-Jacques Rousseau).
Traçons l'axe formé par ces deux adresses. Où nous mène-t-il ? Sur l'entrée du Boulevard Exelmans, la rue où habitait Cloclo.
Ce point se trouve à 200 mètres de la Place Claude François et à 400 m de son adresse ! Surprenant tout de même... surtout lorsque l'on sait que cette nouvelle paternité de Claude a été révélée officiellement sur Paris Première le 2 mars 2018 dans le documentaire "**Claude François le dernier Pharaon**"... Cette ligne passe en effet sur la pyramide du Louvre !
Confirmation de paternité: la ligne reliant la Place Claude François à Fabienne Sarl (n°153, Boulevard Haussmann) passe sur la Clef de la Création (paternité), symbolisé par l'extrémité du phallus (Fontaine de Varsovie du Trocadéro), la ligne passe aussi sur la Clef de la Communication.
Donc la belge **Julie Bocquet**, née sous x, aurait dû s'appeler **Julie François.** Coïncidence, il existe une Société **Madame Julie François** (au n°5, rue Saint-Paul). Un paramètre qui un jour peut-être parlera...

P.S : Le paramètre **Papa François** (n°28, rue de Richelieu) est une clef également utilisée dans le Code pour tout ce qui concerne le Pape argentin François (Papa François, en Italie). Ainsi, la ligne reliant la rue d'Argentine à "Papa François", passe sur l'Arc de Triomphe.
La ligne reliant la rue Dieu à la rue de Buenos Aires, passe sur ce point, et la Place des Victoires. La ligne Cité d'Argentine - "Papa François", coupe la rue François 1er (son véritable nom de Pape).
La ligne Passage Dieu- centre de la Grande Croix du Christ, passe sur ce paramètre.

Cinéma

En mars **2012**, dans le film (**bio**pic) "Cloclo" de Florent Emilio Siri, c'est le comédien Jérémie **Rénier** qui incarna le rôle de Claude François...

Etrange : l'œil de l'Aigle des Buttes Chaumont qui regarde la Place Claude François, crée une ligne qui passe sur la Sarl **Rénier** (n°11, Avenue de la Motte-Picquet).
Cette société n'a pourtant rien à voir avec le comédien.
Le Grand Œil qui regarde l'Hôtel particulier de Claude François, où se trouvaient ses bureaux de Flèche Production (n°122, Boulevard Exelmans), crée une ligne qui passe sur la société **BIO 2012** (n°14, Avenue Félix Faure).
Le film Cloclo sorti le 14 mars 2012 a été réalisé par Florent Emilio Siri (société au n°14, rue de Constance).
La ligne reliant cette adresse à celle de Flèche Production (n°122, Boulevard Exelmans), traverse le Trocadéro entre les Clefs de la Mise au Monde et de la création.

Tenues de scène

Claude François faisait tailler ses costumes de scène sur mesure, en 5 exemplaires (minimum 6.500 euros pièce) par le tailleur **Henri Le Corre**, au n°25 Avenue Philippe Auguste, et le tailleur italien **Camps de Luca** installé depuis 1964 au n° 11, Place de la Madeleine, à Paris.
L'axe formé par ces deux adresses nous amène sur le n° 37, Avenue des Ternes, où se trouvait jusqu'en 1992, **Flèches Production**, entreprise gérée par **Claude François Junior**, seul "gardien du temple" de l'image de son père.
Pour ses tenues de scène, Claude François exigeait une coupe très près du corps, permettant de réaliser ses chorégraphies très mouvementées. Pour ses 1.188 spectacles, Claude a usé 889 costumes, et 324 paires de chaussures (boots)…

Un jour Cloclo commanda un costume extravagant encore plus étincelant, composé de plusieurs centaines d'ampoules miniatures fonctionnant grâce à une petite batterie.
Une commande qui résonne particulièrement, vu les circonstances "électriques" de sa mort.

Quelques chiffres...

Claude François a enregistré 277 chansons et vendu à ce jour plus de 61 millions de disques. Il s'est produit Cloclo est apparu 313 fois à la télévision.
219 couvertures de magazines lui ont été consacrées. Après sa mort il a continué à figurer sur 186 couvertures.
Il a été l'objet de 73 livres et biographies depuis sa mort.

My Way "Comme d'habitude"

"Comme d'habitude" fut la plus importante chanson de Claude, interprétée pour la première fois en **1967**. Elle fut inspirée par sa liaison avec France Gall.
Il existe plus de 2500 versions de "Comme d'habitude" rebaptisée "My Way" dans les pays anglo-saxons.
C'est **Jacques Revaud** (dit Revaux) qui en écrivit la musique en **1967**, à l'Hôtel Canada, un **chalet de Megève**, en Haute Savoie.
Cet Hôtel du centre-ville n'existe plus, il est aujourd'hui transformé en chalet...
Un jour on a demandé Jacques Revaud, qui a écrit 500 chansons, d'où il tenait son 'inspiration Il a déclaré : "J'avais un associé top qui me soufflait les notes : Dieu".
Même si son nom n'apparait pas, la création de cette chanson de Claude François est suggérée dans le Code.

Sont alignés les paramètres suivant : La Place **Claude François**, la Clef de la **Communication**, la Clef de la **Création**, la Sarl " **Le Chalet de Megève**" (n°6, rue Foucault).
Une autre ligne nous indique cette année primordiale pour Claude :
La ligne joignant la **Sarl 1967** (n°42, rue du Point du Jour - Boulogne Billancourt) à la Sarl " **Le Chalet de Megève**" (n°6, rue Foucault), passe sur la Place **Claude François**.
Depuis qu'elle est sortie aux États-Unis en 1969, et grâce à Paul Anka, Elvis Presley, Nina Simone et Frank Sinatra, My Way est devenue la chanson qui passe encore le plus souvent sur les ondes (une fois par minute).
Pour la Sacem, elle est classée première des chansons les plus diffusées à la radio, après le Boléro de Ravel…
On estime qu'en 1976-1977, elle est passée 6 millions de fois !
Ce n'est pas pour rien si l'axe formé par la Place Claude François et la société *Art Music France*, administrée par **Jacques Revaud** (n°16, rue des Fossés Saint-Jacques) nous amène sur l'Hôtel des Grands Hommes, et le Panthéon ! Un Panthéon virtuel, certes mais un Panthéon de la musique française

MICHEL BERGER

Le chanteur **Michel Berger** (1947-1992) est mort à Ramatuelle dans le Var.
La ligne reliant le Square du Var à son tombeau (au cimetière de Montmartre), passe sur la Clef de la Mort !
La ligne reliant l'Allée Michel Berger (Parc Montceau), à l'allée principale du Père Lachaise (symbole de Mort), traverse la boutique "Ramatuelle", au 16, rue Meslay (3e) !
Le Paradis blanc est une chanson de Michel Berger, le mari de France Gall.... mort le 2 août 1992.
La ligne reliant la boutique "Paradis Blanc" (n°1, rue François Ponsard) à la tombe de Michel Berger et France Gall (cimetière de Montmartre), passe sur l'Allée Michel Berger, qui occupe le quart nord-est du Parc Monceau.

FRANCE GALL

France Gall est morte le 7 janvier 2018, 9291 jours après Michel Berger (25 ans et demi).
9291 est composé des mêmes chiffres que l'année 1992 (mort de Michel Berger).
Elle fut inhumée le 12 janvier dans un mausolée fait de verre et de métal représentant une cage à oiseaux. C'est ainsi que se voyait la chanteuse.
A l'intérieur de cette cage de verre, un cerisier japonais pousse et donne des fleurs roses. Un endroit de gaité et de légèreté dans ce cimetière si morose.
C'est pour cela qu'elle avait imaginé une cage "*à oiseaux avec des fleurs et des arbres de toutes les couleurs*".

ALAIN CHAMFORT

Alain Chamfort est né le 2 mars 1949 dans le 11ème arr. de Paris.
C'est dans les locaux du Magazine de Claude François " Flèche", au n°122, Boulevard Exelmans, qu'en 1972, le chanteur Alain Le Govic (né en 1949) devient Alain Chamfort sous les conseils de Cloclo.
Ce nom sera choisi au hasard dans le dictionnaire (ou dans la carte de Paris?)...
Son premier succès sera intitulé "Dans les ruisseaux".
On remarquera que l'axe formé par le n°122, Boulevard Exelmans et la rue Chamfort passe sur la Clef de la Mise au

Monde (l'Esplanade des Droits de l'Homme du Trocadéro, et rejoint le Club 49 (n°49, rue de Ponthieu), une discothèque, clin d'œil à son année de naissance : 1949.
Cet axe rejoint 7,5 kilomètres plus loin la rue du... Ruisseau (18ème arr.).
La société (et l'adresse?) d'Alain Chamfort (Société Monsieur Alain Le Govic) se trouve au n°39, rue de la Chine.
Le Code, par l'entremise de sa Clef de la Communication circulaire (centre exact de la Maison de Radio-France) nous confirme cette adresse !
La ligne de 9,6 km reliant cette société Alain Le Govic à la toute petite rue Chamfort, passe avec une précision chirurgicale sur ce point central.
Le Code nous dit où il est né : le Grand Œil (Observatoire de Paris) qui regarde le n°39, rue de la Chine ((Société Le Govic), crée une ligne qui passe exactement sur la mairie du 11ème arr. où sa naissance a été enregistrée.
La ligne reliant la Cité de la Musique à la rue Chamfort traverse l'Olympia et passe sur l'Opéra, Clef du Destin et Signe de Vie (Ankh) du Parisis Code.
Chamfort a écrit une chanson intitulée "Signe de Vie...".
Alain Chamfort a chanté à la Cité de la Musique en février 2002, et à l'Olympia le 29 mars 2006, avec des places à 5 euros! A l'Olympia la place est à 65 euros minimum....

Alain Chamfort a édité en 2011, un livre-disque "Une vie Saint-Laurent" une biographie sonore et visuelle sur le couturier Yves Saint-Laurent.

L'œil de l'Aigle qui regarde la rue Chamfort passe sur l'église et le Square Saint-Laurent!
Alain Chamfort a été très marqué par l'attentat du 13 novembre 2015 visant la salle du Bataclan où il a déjà chanté, notamment lors d'un concert unique en novembre 2003.
Il a déclaré "*C'est ce que je garde de ces trente dernières années, c'est vous dire l'importance que cela a eu dans ma vie*". " *D'un seul coup, l'attaque nous a rappelé brutalement que les années de paix étaient maintenant derrière nous*"...

Dans le Code, le Grand Œil (Observatoire de Paris) qui regarde la Compagnie **L'Apocalypse** (n°84, rue Jean-Pierre Timbaud), crée une ligne qui passe sur le **Bataclan**...

La ligne reliant les locaux-fantôme du Magazine Flèche (n°122, Boulevard Exelmans) où est né artistiquement Chamfort, à sa société de la rue de la Chine, passe justement sur le Bataclan !

Sortie en 45 tours en septembre 1979, moins d'un an après la disparition du bateau d'Alain Colas "Manureva", la chanson Manureva, écrite par Gainsbourg, et composée par Alain, est devenue pendant l'été 1980, le plus gros tubes de la carrière d'Alain Chamfort vendu à des millions d'exemplaires.
La ligne reliant la rue **Chamfort** à la Sci **Manureva** (3, rue Rodier) passe symboliquement sur l'entrée du Palais de la **Découverte**.
La ligne reliant la Sarl **Manureva** Holding (n°44, rue de Chanzy) à la Clef de la **Création** (extrémité de la Fontaine de Varsovie -Trocadéro), passe sur le domicile de **Serge Gainsbourg**, le n°5 bis, rue de Verneuil.

SERGE GAINSBOURG

Serge Gainsbourg (Lucien Ginsburg) était un auteur, compositeur, interprète et cinéaste français, fils d'immigrants russes juifs.
Il est né le 2 mars 1928 à Paris, à la maternité de l'Hôtel-Dieu sur l'île de la Cité. Il débuta sa vie, au n°35, rue de la Chine (20ème), où il restera 4 ans.

Son enfance se déroulera ensuite au n° 11 bis, rue Chaptal (9ème). A 18 ans, en 1946, il quitte cette adresse pour emménager avec ses parents au n°55 de l'Avenue Bugeaud et suit des cours à l'Ecole des Beaux-Arts.
En créant une ligne joignant son adresse de l'Avenue Bugeaud à l'entrée principale de l'Ecole des Beaux-Arts, on tombe sur l'adresse où il devait décéder 45 ans plus tard…
Grâce au 55 de l'Avenue Bugeaud, on peut savoir où se trouve avec précision la tombe de Serge Gainsbourg.
En effet en alignant cette adresse sur l'entrée des Catacombes (au n°2 de la Place Denfert-Rochereau), entrée incontestable du Royaume de la Mort, on obtient une ligne virtuelle qui passe sur la première division du cimetière de Montparnasse où il repose à présent.

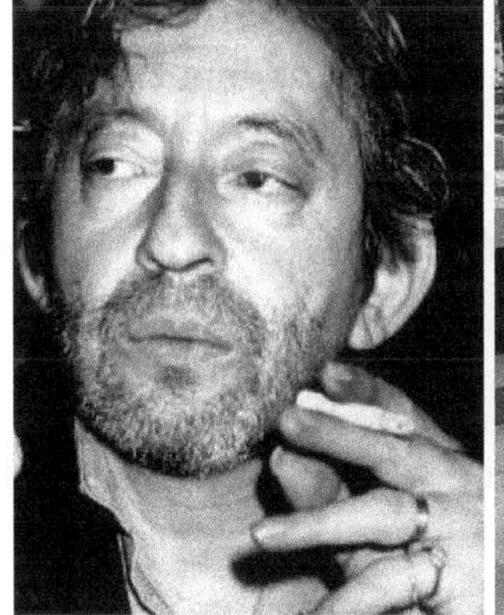

Sa tombe est fleurie en permanence et garnie de nombreux objets en clin d'œil avec ses chansons (tickets de métro, mégots de cigarettes, bouchons de Whisky etc…)
Les deux adresses parisiennes des 18 premières années de sa vie (rues de la Chine et Avenue Bugeaud forment une ligne prophétique qui passe juste devant l'Olympia, le Temple de la chanson.
Lors de l'été 1962, Serge Gainsbourg a passé la soirée chez Juliette Gréco (n°33, rue de Verneuil) Ils se sont amusés et ont dansé en écoutant de la musique. Le lendemain, sûrement inspiré par cette folle soirée, le chanteur lui envoie La Javanaise, qui deviendra l'un de ses plus grands tubes. La ligne reliant le Javanaise Café (80, rue Lauriston) au n°5, rue de Verneuil, où

Serge habitera 7 ans plus tard, en 1969 (année érotique comme il le chantait), passe sur la maison de La Gréco.
Serge Gainsbourg habitera au n°, les 22 dernières années de sa vie ; c'est là qu'il décédera en 1991…
La ligne reliant le Jardin Serge Gainsbourg à la Sci France **1969** (n°22, Avenue Raymond Poincaré), passe sur le bec de l'Aigle (point important).
Le 5, rue de Verneuil est une adresse-clef qui est prise en compte par le Code, par exemple pour nous confirmer son lieu de naissance. L'axe Clef de la Naissance (esplanade du Trocadero) - n°5, rue de Verneuil traverse bien l'Hôtel-Dieu.
L'œil de l'Aigle des Buttes-Chaumont qui regarde sa tombe au cimetière de Montparnasse, crée une ligne qui passe également sur l'Hôtel-Dieu !
La ligne n°35, rue de la Chine (début de sa vie) - n°5, rue de Verneuil (fin de sa vie) nous confirme que ce fut une vie d'artiste qui lui était réservée.
En effet, cette ligne traverse le Pont des Arts en plein milieu.
Cette ligne nous parle aussi de ses origines juives en traversant le Musée d'Art du Judaïsme…
Le Code nous parle aussi de ses origines russes : la droite joignant le Grand Œil (Observatoire de Paris) à la rue de Moscou traverse son dernier domicile (n°5, rue de Verneuil) mais aussi le Lycée Condorcet où, comme Boris Vian, il fit ses études, à la Libération. Important : sur cette ligne on trouve le Théâtre des Capucines (n°39, Boulevard des Capucines) où Serge Gainsbourg commença à se faire connaître du grand public.

En effet, c’est dans cette salle que la Maison de disque Philips (où Gainsbourg enregistra toute sa vie) organisa les Mardis de la Chanson, destinés à faire découvrir de nouveaux artistes.
C’est d’ailleurs Serge Gainsbourg qui inaugura ce nouveau concept le 8 octobre 1963 (le lendemain de la Saint Serge).
Mais c'est en 1954, à Pigalle, dans le cabaret de travestis Madame Arthur (n°75, rue des Martyrs) que Serge Gainsbourg était monté pour la première fois sur scène. Il y remplaçait son père en tant que pianiste, puis y compose la plupart de ses premières chansons entre 1954 et 1956.
La ligne reliant ce cabaret au Jardin Serge Gainsbourg, passe sur l'œil de l'Aigle des Buttes-Chaumont.
En juin 1932, Serge et ses parents emménagent au n°11 bis, rue Chaptal (9ème).
Cette rue est devenue un Haut-lieu du jazz français jusque dans les années 60, puis du rock…
Cette année-là, au n° 14 fut créé le Hot Club de France (HCF) lieu devenu mythique pour les admirateurs de Duke Ellington, Louis Armstrong et Count Basie, où une page de l'histoire du jazz s'est écrite pour les admirateurs de Duke Ellington, Louis Armstrong et Count Basie.
La cave où ont répété les premières formations françaises de jazz, comme le quintette de Django Reinhardt, fait aujourd'hui office de studio d'enregistrement.
C'est là que plus tard en 1993, Gibson, le fabricant américain de guitares électriques a choisi de s'installer.
C’est au 10 de cette rue que se trouvait depuis 1897 à 1976 la Société des auteurs, compositeurs et éditeurs de musique (Sacem).
La ligne joignant la tombe de Serge Gainsbourg (1ère section, au milieu du cimetière Montparnasse) au n°11, rue Chaptal passe par la boucle de l’Ankh (Opéra Garnier), une autre façon de montrer son destin dans Paris, lié au chant et à la musique.
Son père étudia la musique au Conservatoire de Moscou et sa mère était de plus, chanteuse d’Opéra (mézzo-soprano)…
Serge utilisera souvent les Grands Maîtres de la musique classique pour composer ses chansons. En 1953, après quelques années consacrées à la peinture, il jette ses pinceaux et détruit

toutes ses toiles : il ne sera pas peintre, il s'en sent incapable. Il se tourne vers la Musique.
En 1956, il est pianiste - guitariste au cabaret *Milord l'Arsouille*, situé au n°5, rue de Beaujolais, près du Palais Royal.
Chaque jour il accompagner à la guitare la chanteuse Michèle Arnaud, vedette permanente de ce cabaret. A la fin de l'année, il prend son pseudonyme : Serge Gainsbourg.
Ajoutons un fait devenu étrange : c'est dans ce caveau de Milord l'Arsouille que, pour la première fois, *La Marseillaise* a été chantée à Paris au XVIIIe siècle.
Or on sait que Gainsbourg, qui y fit ses débuts, reprit avec fracas, deux siècles plus tard, l'hymne national et s'en procura même l'original !
Dans ses mémoires, il raconte : « Un soir, au *Milord l'Arsouille*, je vois Boris Vian. J'encaisse ce mec, blême sous les projos, balançant des textes ultra-agressifs devant un public sidéré.
Ce soir-là, j'en ai pris plein la gueule. C'est en l'entendant que je me suis dit : "*Je peux faire quelque chose dans cet art mineur…* ".
Cette rencontre importante fut l'élément déclencheur de la carrière de Gainsbourg ; elle est inscrite dans le code : la droite joignant l'Impasse Boris Vian au n°5, rue de Verneuil passe comme par miracle sur l'emplacement du *Milord l'Arsouille* (5, rue de Beaujolais).
Cette droite passe sur la statue du Roi Soleil, au Louvre, pour bien insister sur le chemin vers la Lumière, la Célébrité…
Début 1959, Gainsbourg passe un après-midi avec Boris Vian. En décembre 1981, Serge Gainsbourg achète aux enchères pour 20 000 euros l'un des 2 manuscrits originaux de la Marseillaise signé Rouget de Lisle où l'on peut effectivement y constater à partir du deuxième refrain *Aux armes et cætera* clairement calligraphié au niveau des refrains.
Cette phrase est le titre de sa version de la Marseillaise qu'il avait composé en 1979…
Ce détail est inscrit dans le code : l'axe œil de l'Aigle des Buttes-Chaumont - n°5, rue de Verneuil mène directement sur le Square de la Marseillaise (au Nord-Est).
Le samedi 2 mars 1991, Serge Gainsbourg, 62 ans, décède seul dans sa maison rue de Verneuil, d'une crise cardiaque.

Comme Boris Vian plus de 30 ans plus tôt, il a oublié de prendre sa pilule pour le cœur. Serge Gainsbourg reste une des figures les plus marquantes de la chanson française.
Un jardin à la mémoire de Serge Gainsbourg a été inauguré le 8 juillet 2010, Porte des Lilas (19ème arr.). Avant sa célèbre chanson, *Le poinçonneur des Lilas*, personne ne savait où était la porte de Lilas…
Cette chanson, filmée à la station *Porte des Lilas* marque sa première apparition à la télévision le 29 mars 1958. Quel alignement révèle ce jardin, hommage posthume consacré à l'artiste ?
La ligne qui relie la Clef de la Mort au Jardin Serge Gainsbourg traverse la maison du n°35, rue de la Chine (20ème arr.), où il passa les 4 premières années de sa vie !
N'est-il pas troublant de savoir que dés les années 30, le Code avait prévu qu'une personne qui vivait à cette adresse aurait après sa mort un Jardin sur cet axe ?
La ligne partant de l'Olympia et rejoignant le Musée Grévin où Serge est immortalisé dans la cire, crée un axe qui atteint le Jardin Serge Gainsbourg et la Clef de la Célébrité.
Lorsque l'on joint le jardin à l'adresse du Milord l'Arsouille où Gainsbourg fit ses début, on obtient un axe qui touche un pied de la Tour Eiffel, symbole de la France.
Un message très parlant pour cet artiste qui restera l'un des plus célèbres chanteurs français.
Etrange: durant les 6 derniers mois de sa vie, Serge Gainsbourg résidait à l'Hôtel de l'Espérance, à Saint-Père-les-Vézelay (un palace).
Il existe un curieux rapport entre cette dernière résidence et le Code. En effet, il existe aussi à Paris, au n°15, rue Pascal (5e) un l'Hôtel de l'Espérance.

Si sur la carte de Paris nous joignons cet Hôtel à la rue de Vézelay, nous constatons qu'elle croise la rue de Verneuil où est mort Serge, mais aussi la rue des… Saints Pères !
On constatera également que le Jardin Serge Gainsbourg est exactement dans l'alignement Est de la rue de Vézelay. Que cherchait Serge à Vézelay ? Dieu ?
C'est dans cet Hôtel justement, en mars 1991, quelques jours après la mort de Serge, que le grand violoncelliste Rostropovich séjourna.
Il venait pour enregistrer dans la Basilique (glacée !) de Vézelay, du 7 au 26 mars, les Suites pour violoncelle seul, de Jean-Sébastien Bach. Il voulait se mesurer à l'œuvre la plus difficile.
Mais il lui manquait toujours un lieu, digne de Bach, digne de son violoncelle, le fameux Duport, un Stradivarius sur lequel, dit la légende, Beethoven et Napoléon auraient joué.
Quand il découvre la basilique de Vézelay, Rostropovitch s'écrie, bras levés : " Ah ! c'est Bach... ".
En tout cas, l'Hôtel de l'Espérance, rue Pascal est aussi dans l'alignement Est de la tombe de Serge...
En 1992, un an après le décès de Serge Gainsbourg, Jules Roy a édité un livre intitulé "Rostropovich, Gainsbourg et Dieu".

Serge Gainsbourg à Vézelay, à l'Espérance, en 1991, avec sa compagne Bambou.

ALAIN BASHUNG

Le chanteur Alain Bashung (1947-2009) Auteur-compositeur et acteur, est une figure importante de la chanson et du rock français.
Il est le chanteur le plus primé aux Victoires de la musique (12 victoires obtenues tout au long de sa carrière).
Le Square Alain Bashung a été inauguré en 2012, au n°16, rue de Jessaint (18ème arr.), 3 ans seulement après sa mort.
Alain Bashung vivait au n°8, Villa Poissonnière (18ème arr.).
L'œil de l'Aigle des Buttes-Chaumont qui regarde cette adresse, crée une ligne qui passe avec précision sur le Square Alain Bashung!

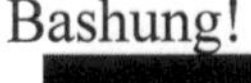

Le nom qui figure sur la tombe est son véritable nom, qui s'écrit en fait avec un "c". "Tant aimé" est inscrit sur la tombe.

La ligne joignant le Square Alain Bashung à l'Olympia (Temple de la Chanson), traverse la Boucle de l'Ankh (Clef du Destin).
Le Square Alain Bashung se trouve sur la ligne joignant la Cité de la Musique à l'Arc de Triomphe!
Alain Bashung est né d'une mère bretonne et d'un père Kabyle (qu'il n'a pas connu). Son beau-père qui l'a reconnu et élevé était alsacien; il lui a donné son nom.
Tous ces éléments sont dans le Code : le Square Alain Bashung est en effet presque dans l'alignement Ouest de la rue de Kabylie.

De plus la ligne reliant cette rue à son adresse passe sur le Square!
L'axe rue de Bretagne - rue d'Alsace mène au Square Alain Bashung.
En tant que comédien, Alain Bashung a joué le rôle de Robespierre dans l'opéra rock " la Révolution Française" créé en 1973 au Palais des Sports de Paris.
L'axe Square Alain Bashung - pointe du bec de l'Aigle (point important) nous conduit sur la rue de Robespierre, à Bagnolet !
Alain Bashung est décédé le 14 mars 2009, à l'Hôpital Saint-Joseph, des suites d'un cancer du poumon ; ses funérailles eurent lieu dans l'Eglise de Saint-Germain-des-Prés.
L'axe rue Saint-Joseph - Eglise de Saint-Germain-des-Prés, mène au Square Alain Bashung.
On remarquera que la ligne reliant le Square Alain Bashung à la rue Jean Nicot (qui introduisit le tabac en France) passe dans la boucle de l'Ankh, la Clef de Destin…
Sainte-Cécile est la Patronne des musiciens, Saint-Grégoire est le Patron des chanteurs. L'axe reliant l'église et la rue Sainte-Cécile à l'Hôtel "Le Saint-Grégoire" (43, rue de l'Abbé Grégoire) atteint le Square Alain Bashung.
Surprenant: Alain Bashung est enterré au Père Lachaise (13ème division - Rond-Point Casimir Perier).
Si nous relions l'entrée de l'Hôpital de Grâce, où il est né et l'entrée de l'Hôpital Saint-Joseph où il est mort, nous obtenons un axe qui nous amène sur sa tombe… qui représente un disque en vinyle !

HERVE VILARD

Hervé Vilard raconte que la fameuse chanson qui lui a apporté le triomphe en 1965, " **Capri, c'est fini** " a été écrite en 10 minutes, et que le nom "Capri" lui a été inspiré dans le métro parisien, très exactement à la Station Franklin-Roosevelt, par une affiche publicitaire ventant la ville de Capri.

Il est incroyable de constater, dans le Parisis Code, que la ligne de 8,6 km reliant la rue de Capri à l'Arc de Triomphe passe très précisément sur la Station Franklin-Roosevelt !

Hervé Vilard (R.V = René Vilard) habite depuis janvier 1981 au n°25, Avenue Pierre 1er de Serbie.
Hervé Vilard figure sur la célèbre "Photo du Siècle" regroupant 46 vedettes françaises du Yéyé, en 1966.
La ligne reliant son adresse au studio au Studio Mac Mahon (54, rue des Acacias) où la photo fut prise, passe sur l'Arc de Triomphe.
La ligne reliant son adresse au restaurant Capri (49, rue Richer), passe sur la Clef de la Célébrité (Rond-Point des Champs Elysées).

BRIGITTE BARDOT

Brigitte Bardot (1934-2018) connue sous les initiales BB, est une des artistes de cinéma les plus célèbres sur la planète.
Mythe et sex-symbol des années 1950 et 1960, elle tourna dans 48 films en 21 ans de carrière.
Elle fut une star mondiale, égérie et muse des plus grands artistes de l'époque. Elle fut aussi un emblème de l'émancipation des femmes et de la liberté sexuelle. Cette chanteuse française a aussi plus de 80 chansons à son actif.
Militante de la défense animale, elle est fondatrice, en 1986, de la Fondation Brigitte-Bardot, 28, rue Vineuse (16ème arr.).
Brigitte Bardot est née à Paris le 28 septembre 1934, au n°5, Place Violet (15ème arr.). Issue d'un milieu bourgeois et d'un père industriel.
En 1949, elle entre au Conservatoire de Paris et suit des cours de comédie au Cours Simon.
La même année elle est engagée par le magazine ELLE dont elle fait la couverture le 8 mars 1950. Grâce à cette couverture, le

réalisateur Marc Allégret la remarque et lui propose un rôle dans son film « Les lauriers sont coupés ».
C'est donc grâce au magazine **ELLE** (149, rue Anatole France à Levallois-Perret), qu'elle est née artistiquement.
Dans le Code, la droite joignant cette adresse et la Place Violet où elle est réellement née, passe par la Place du Trocadéro, clef symbole de fœtus, de naissance.
En 1952, elle épouse Roger Vadim et 4 ans plus tard à 22 ans, elle entre dans la légende du cinéma mondial, grâce au film *Et Dieu... créa la femme* (de Roger Vadim).
Il est amusant de constater que ce rapport avec Dieu se retrouve dans un alignement lié à la naissance de Brigitte Bardot : la droite joignant la pointe du bec de l'Aigle (point important, mais aussi création à travers le symbole du pic du sculpteur) à la Place Violet traverse la rue Dieu (10ème arr.).
Après un divorce et un remariage avec Jacques Charrier, elle accouche, en 1960 de son fils Nicolas, et fait une tentative de suicide 7 mois plus tard. A cette époque, Brigitte Bardot habitait 71, Avenue Paul Doumer (16ème arr.). Les yeux du monde entier étaient braqués sur elle.
Et justement, l'œil de l'Aigle qui regarde cette adresse, forme une droite croisant le centre de l'Ankh et le Palais de la Découverte.
L'axe Zénith - 71, Avenue Paul Doumer traverse le Rond-point des Champs-Elysées notre clef de la Célébrité, le n°1 de la rue de la Pompe où elle passa une partie de son enfance, et la rue de la Tour, sa dernière adresse à Paris.
On remarquera que cette adresse se trouve sur l'axe joignant l'adresse du magazine **ELLE** à la Clef de la Communication (Maison de Radio-France).
Le destin de Brigitte Bardot était-il lié au Cinéma ? Je le crois sincèrement, et le Parisis Code ne va pas me contredire.
Tout d'abord, on constatera que la Place Violet qui l'a vu naître, se trouve exactement dans l'alignement Sud du Musée du Cinéma installé au Palais de Chaillot jusqu'en 2005.
La droite joignant cette place au nouveau Musée du Cinéma, à Bercy, passe avec précision sur la plus haute tour de Paris, la Tour Maine-Montparnasse. Message que l'on peut interpréter comme *Monument du 7ème Art.*

Enfin, la Place Violet alignée sur le fameux n° 14 du Boulevard des Capucines (naissance du Cinéma), donne un axe qui atteint le centre de la boucle de l'Ankh (Clef du Destin).
Pour finir, alignée sur le bout du Bassin-phallus du Trocadéro, Clef de la Création, la Place Violet forme un axe qui traverse l'entrée de l'ancien emplacement de la Cinémathèque du Palais de Chaillot.
Le domicile de B.B (n° 59, Boulevard Lannes) qu'elle occupa longtemps, n'est pas non plus situé n'importe où.
Il répond aux exigences du Code.
La pointe du bec de l'Aigle alignée sur cette adresse forme une ligne qui croise le Rond-point des Champs-Elysées (Clef de la Célébrité) et le parvis de l'Opéra Garnier (Boucle de l'Ankh et Clef du Destin).
En 1968, Charles de Gaulle proposa à Brigitte d'être le modèle du buste de Marianne (réalisé par le sculpteur Aslan) exposé dans toutes les mairies de France. Elle accepta et devint ainsi la première femme à incarner les traits du symbole français.
En 1973, elle se retire définitivement du 7e Art pour se consacrer à la défense des animaux.

Brigitte Bardot était déjà une star lorsqu'elle passa de longues vacances en 1964, à Búzios, un village de pêcheurs au nord de Rio, au Brésil. Búzios devint alors rapidement "le Saint Tropez brésilien" et connut ainsi le même engouement.
Pour lui rendre hommage, la municipalité lui érigera une statue de bronze en taille réelle sur la Praia dos Ossos (plage des os), sculptée par Motta.

L'existence d'une statue de personnalité célèbre est toujours importante pour le Parisis Code, car elle est une preuve que cette personne a comptée dans l'Histoire (petite ou grande).
Concernant Brigide Bardot, sa statue au Brésil transparait à Paris à travers un alignement littéralement bluffant :
La ligne de 3,9 km reliant la Clef de la Communication (Maison de Radio-France) à la Place du Brésil, passe par la Fondation Brigide Bardot (28, rue Vineuse) et l'Arc de Triomphe.
B.B a également sa statue au Musée Grévin. L'œil de l'Aigle qui regarde la Fondation Brigitte Bardot, crée une ligne de 7,5 kilomètres qui passe sur sa statue de cire (sa momie virtuelle).
Le Brigitte Bardot, le trimaran ultra-rapide de l'ONG "Sea Shepherd" (Capitaine Paul Watson) avait jeté l'ancre à Paris en 2015 au port du Gros-Cailloux, à proximité des Invalides.

Le Brigitte Bardot sillonne les eaux du globe aux trousses des braconniers qui menacent les créatures marines. A Paris, sa mission était pédagogique.
La ligne reliant la Clef de la Communication à "Initiales BB" Agence de com. (n° 23, rue du Renard), passe sur l'adresse de Gainsbourg (l'auteur de la chanson), au n°5 bis, rue de Verneuil.
La ligne reliant la Clef de la Communication au Jardin Serge Gainsbourg (Porte des Lilas), crée une ligne qui passe sur la Sarl "Initiales BB" (54 rue Etienne Marcel).
L'œil de l'Aigle qui regarde le lieu de naissance de "B.B" (Place Violet), crée une ligne qui passe sur la Sarl "Initiales BB" n°54 rue Etienne Marcel, et sur l'extrémité ouest de la rue de Verneuil.
La ligne reliant la Sci Bardot (64, rue du Chemin Vert) à l'Arc de Triomphe, passe sur la Sarl "Initiales BB" n°54 rue Etienne

Marcel.
Le Grand Œil (Observatoire de Paris) qui regarde le Jardin Serge Gainsbourg (Porte des Lilas), crée une ligne qui passe sur la Sci Bardot.
Les adresses suivantes vont peut-être parler dans le Code, lorsque B.B nous aura quitté :
Le magasin de vêtements "Initiales BB" (n°39, rue Poussin)
Restaurant La Madrague (168, Avenue de Clichy).
Sci La Madrague (3, rue Cambronne)
Sci Bardot (64, rue du Chemin Vert)
5, Place Violet - Sci La Madrague (3, rue Cambronne)
Sci La Madrague (105, rue de l'Abbe Groult)
Le Saint Trop (6 Quai Jean Compagnon) à Ivry-Sur-Seine
La société Buzios (17, rue Dauphine)

LES ARTISTES ETRANGERS

PRINCE

Le chanteur américain **Prince** est mort le 21 avril 2016, jour de la Saint-Anselme, à l'âge de 57 ans, dans l'ascenseur de son studio d'enregistrement de Paisley Park, à Chanhassen dans le Minnesota, près de Minneapolis.
En 38 ans de carrière, Prince a presque atteint la barre des 100 millions d'albums vendus. C'est peut-être pourquoi on trouve une trace non négligeable de lui dans le Parisis Code.

Purple Rain (Pluie Violette)

En 1984, Prince apparaissait dans le film Purple Rain, flamboyant délire pop nombriliste, qui reste l'un des sommets de sa

carrière."Purple Rain", la musique du film, (durée: 8 minutes !), restera son plus grand succès mondial, et recevra l'Oscar de la meilleure bande-originale.
Mais qu'a donc voulu entendre Prince par ce terme de *pluie violette* ? La chanson *Purple Rain* parle de la relation ambigüe de deux personnes très proches – Le Kid (Prince) et Appolonia (Appolonia Kotero) dans le film – qui s'aiment mais qui ont du mal à vivre cet amour destructeur.
Dans la symbolique judéo-chrétienne, le violet est la couleur de la pénitence. Cette fameuse pluie violette de Prince symbolise donc les larmes de pénitence de ce couple...
A Paris, aussi incroyable que cela puisse paraitre, "Purple Rain" est en mesure de nous fournir la date de la mort de cette superstar mondiale !
A Paris, il existe une Sarl Saint-Anselme, située au n°33, rue Vivienne qui nous fournit la date de la mort de Prince, le 21 avril.
Et, oui, il existe aussi bel et bien dans la Capitale, une Sarl "Purple Rain" évoquant son grand succès, située depuis 2010 au n°16, rue Sainte-Cécile.
Chaque chose étant à sa place dans le Parisis Code, on notera que Sainte-Cécile est la sainte patronne des musiciens.
Il existe également à Paris, " Superstars", un salon de coiffure situé au n°15, rue d'Argenteuil.
La ligne reliant " Superstars" à "Purple Rain", passe exactement sur la Sarl Saint-Anselme pour nous donner la date de la mort de l'auteur de "Purple Rain"!
Mais ce n'est pas tout ! Cet axe traverse Le Palace (n°8, Fbg de Montmartre), qui fut la première salle parisienne où il se produisit le 3 juin 1981, lors de la tournée *Dirty Mind*, et enfin plus au nord, l'axe passe sur le restaurant "Grand Central" (n°5, rue Curial). Pourquoi ?
"Grand Central", fut le nom du premier groupe formé par Prince en 1973, dans laquelle il jouait de la guitare et des claviers.
Vers le Sud, l'axe atteint la rue Saint-Lambert, représentant la date du 14 avril.
C'est en effet ce jour que Prince donna son tout dernier concert à Atlanta, et qu'il chanta pour la dernière fois "Purple Rain"!

Le Grand Œil (Observatoire de Paris) qui regarde la Sarl "Purple Rain" (16, rue Sainte-Cécile), crée une ligne qui passe sur la rue Monsieur le Prince !
Enfin, la Sarl "Purple Rain" se trouve sur l'axe suggestif Parc des Princes - Passage des Princes !
Lors de la tournée "Nude Tour", Prince donna un concert au Parc des Princes, le samedi 16 juin 1990 …

Prince a rejoint le funeste "Club 57" des personnalités mortes à 57 ans. Il mesurait aussi, 1 mètre…57 !

LE CLUB 57

La ligne reliant le Passage des Princes à la Discothèque Club 57 (n°57, rue Quincampoix), traverse bien la Sarl Saint-Anselme (indiquant dans le Code le jour de son décès).
Le Grand-Œil (Observatoire de Paris), qui regarde la Sarl Saint-Anselme, crée une ligne qui passe sur la rue Monsieur le Prince !
De plus, cette société se trouve dans l'alignement Nord de la rue Monsieur le Prince !
De 1987 à 1997, Prince loua un appartement de 600 m² sur la Grande Croix du Christ du Parisis Code, au n° 60, Avenue Foch, à Paris. Etrangement, l'œil de l'Aigle des Buttes-Chaumont qui regarde cette adresse, passe sur la Sci Prince qui se trouve au n° 19, Avenue de Messine.

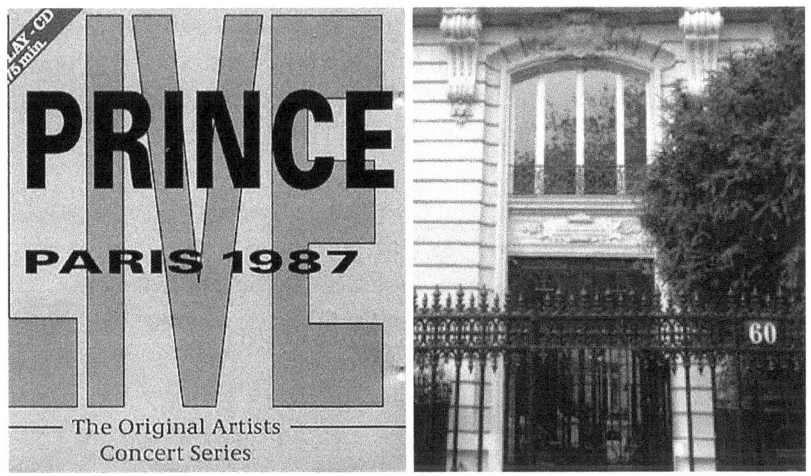

Les lignes reliant cette société "**Prince**" à la Clef de la Mort (entrée du Père Lachaise) ou même au restaurant **Le Purgatoire**, passent par la Sarl "**Célébrité**" (n°17, rue du Caire) et la **Sarl Saint-Anselme** (jour de son décès).
Ces lignes traversent la Société "**Postérité**" (161, rue de la Roquette), le Bataclan et la **boucle de l'Ankh**, le Palais Garnier !
Il devait justement chanter au Palais Garnier le 11 décembre 2015, mais ce concert *Piano & Microphone* fut annulé suite aux attentats du 13 novembre, au Bataclan....
Prince portait un pendentif bien particulier rappelant la forme de l'Ankh. Ce logo baptisé "Love Symbol", créé en 1991, était apposé partout. Il possédait une guitare de cette forme.
Etrange: cet axe passe sur le n°3, Cité Aubry, où se trouve le siège de la Société "**Monsieur Pierre Ardouvin**", l'artiste qui reconstitua concrètement la "Purple Rain" (pluie violette) à Paris en 2011.

A Paris, en l'honneur de Prince et sa chanson Purple Rain, à l'occasion de la Nuit blanche du 1er au 2 octobre 2011, une pluie violette (purple rain) a été reconstituée par l'artiste plasticien Pierre Ardouvin dans la cour de l'Hôtel d'Albret (n°31 Rue des Francs Bourgeois).
Cette installation a connu un franc succès. Abrité sous son parapluie transparent, le visiteur pouvait admirer comme dans un décor de cinéma, la pluie violette, artificielle, projetée par de puissants tuyaux placés aux quatre coins de la cour.

Cette pluie violette fut reconstituée le 2 octobre fête des Anges Gardiens.
La ligne reliant la rue Violet au restaurant " **L'Ange Gardien** (189, rue des Pyrénées) passe comme par enchantement sur la cour de l'Hôtel d'Albret !
Clin d'œil du Code : Prince est né un 7 juin 1958, jour de la Saint-Gilbert, et mort un 21 avril 2016, jour de la Saint-Anselme. Dans le Code, la Sarl Saint-Gilbert (n°17, rue de Javel) et la Sarl Saint-Anselme (n°33, rue Vivienne) créent un axe commémoratif lié à la musique, qui passe sur le Conservatoire National de Musique, la Cité de la Musique.

Un clin d'œil via internet.

3121 est un album de Prince, sorti en 2006 (10 ans et un mois avant sa mort). Le titre ferait référence à un verset de la Bible (Psaume 31:21) « Tu les protèges sous l'abri de ta face contre ceux qui les persécutent, Tu les protèges dans ta tente contre les langues qui les attaquent. ».
Cherchant le nombre 3121 sur internet, je suis tombé sur le site TripAdvisor, sur la photo d'une immense piscine octogonale située au pied de la Tour Eiffel... de Las Vegas, dans l'Hôtel Paris.
L'octogone est le symbole de l'union entre la vie terrestre et la vie éternelle.
Cette photo était prise de la chambre 3121, le 21 avril 2012, soit exactement 4 ans jour pour jour avant la mort de Prince !

Comme commentaire était inscrit : "*Mon conjoint et moi sommes allés à l'Hôtel Paris de Las Vegas, du 20 au 24 avril 2012. Nous avons demandé un "upgrade" (pour lequel nous avons payé bien sûr) et nous avons eu la chambre 3121...*".

Etrangement, dans le Code, l'œil de l'Aigle des Buttes-Chaumont qui regarde la Tour Eiffel, crée une ligne qui passe exactement sur la Sarl Saint-Anselme, (33, rue Vivienne) qui nous indique le jour de la mort de Prince.

Camille, l'alter-ego féminin de Prince

Camille est apparue en 1987 dans les crédits de *If I was your Girlfriend* sur *Sign O' The Times* puis sur ceux du mythique *Black Album.*
Prince est réputé avoir composé un album entier à l'intention de ce double. "Camille" fut un de ses pseudonymes.
D'autant plus étrange lorsque l'on sait qu'un projet de film fut aussi conçu dans lequel le chanteur devait se travestir en Camille…
A Paris, dans le Code, Camille est représentée uniquement par la **Sarl Camille** au n°106, rue Saint-Honoré, étrangement située sur la ligne reliant l'extrémité nord de la rue Monsieur Le Prince à la Sarl "Purple Rain" (16, rue Sainte-Cécile).
Prince eut en octobre 1996 un fils unique prénommé **Grégory** qui ne vécut que quelques jours…
La ligne reliant la **Sci Prince** (n°19, Avenue de Messine) à la **Sci Grégory** (n°120, rue Orfila), passe sur la Sarl "**Purple Rain**" (16, rue Sainte-Cécile).

"For You", le premier album de Prince, sortit en 1978 alors qu'il n'avait que 20 ans, est salué par une ligne magistrale de 9,6 km dans le Parisis Code.
Il s'agit de la ligne qui joint la **Sarl du Prince** (n°122, Avenue De Villiers) à la Pizzeria "**For You**", au n°41, Boulevard Poniatovski. Celle-ci passe sur la **Sci Prince** (n° 19, Avenue de Messine) et sur la parfumerie "**For You**", située au n°29 rue des Pyramides !
Prince emménage en 78 dans une maison située France Avenue, à **Edina** (proche de Minneapolis). Il y restera 2ans.
L'œil de l'Aigle qui regarde la **Sci Edina** (n°64 rue du Montparnasse), crée une ligne qui passe sur la **Sarl Le Prince** (n°19, rue Monsieur le Prince) et par la Place de l'Odéon (un Odéon est un Théâtre spécialement destiné à la musique).
Les deux plus grand succès de Prince furent "**Purple Rain**" (1984) et "**Cream**"(1991).
Le Code nous le confirme. L'Arc de Triomphe, la Discothèque "**Le Prince Club**" (4, rue Arsène Houssaye), Sarl **Purple Rain**

(16, rue Sainte-Cécile) et le restaurant "**Cream**" (n°50, rue de Belleville), sont parfaitement alignés.

Le "**New Power Generation**", était le groupe de Prince. Il fut actif de 1991 à 2013 et participa à l'album "Love Symbol", dans lequel apparut pour la première fois le logo "Love Symbol" de Prince, créé spécialement pour l'occasion.

Incroyable mais vrai: l'œil de l'Aigle qui regarde l'Arc de Triomphe, crée une ligne qui traverse la Sci Prince (n° 19, Avenue de Messine) et… la Sarl New Power Generation (n° 32, Avenue de Friedland) !

Cet axe passe aussi sur le n°60, Avenue Foch où Prince habita pendant 10 ans !

Pendant son long séjour à Paris de 1991 à 1996, Prince était lié à la **Warner Bros**, l'une des plus grandes sociétés de production et de distribution pour le cinéma et la télévision.

Le Grand Œil (Observatoire de Paris) qui regarde le siège de Warner Bros (n°115-123, Avenue Ch.de Gaulle à Neuilly/Seine) crée une ligne qui passe sur le n°60, Avenue Foch!
Petit clin d'œil amusant : cet axe passe sur l'entrée de la prison de la Santé. Prince se sentait prisonnier de son contrat avec la Warner, et il était rentré en conflit avec le label au point de se faire tatouer sur la joue le mot "slave"... esclave.
Le "dieu vivant" de la musique américaine *Prince* a enflammé le Zénith de Paris dans la soirée du dimanche 1er juin 2014. Ce fut le dernier concert de sa vie à Paris.

Coïncidences ?

Les eaux bouillonnantes des chutes du Niagara illuminées en violet. C'est cette image, forte et symbolique qu'ont pu admirer des centaines de personnes, le jeudi 21 avril 2016, quelques heures seulement après l'annonce du décès du célèbre interprète de *Purple Rain.*
L'image de cette "pluie violette" déclenchée sur les chutes du Niagara en synchronicité parfaite avec le décès de Prince, ne lui était en fait pas destinée... mais en réalité pour la reine Elizabeth II, qui fêtait ce jour-là son 90ème anniversaire (21 avril 1926).
Une journée marquée par la couleur violette, couleur de la monarchie de Grande Bretagne, mais aussi couleur fétiche du chanteur Prince.
Au Moyen Âge, le roi en deuil ne portait pas le noir, mais le violet...!
Mais au fait, pourquoi du violet ? Tout simplement parce qu'il s'agit de la couleur associée à la royauté en Grande Bretagne, une teinte difficile à obtenir et donc très coûteuse, qui est peu à peu devenue la "couleur fétiche" de la famille royale, en général, et de la reine Elizabeth en particulier.
Tout au long de sa carrière, le "Kid de Minneapolis" a voulu développer une aura royale autour de lui en utilisant la couleur violette, dans ses chansons ou sur scène avec ses tenues extravagantes et ses effets lumineux violets.
SureBay, quelques jours après la mort de Prince un certain *dancingdave04* proposait au plus offrant un échantillon de pluie

tombée sur Paisley Park (la résidence de Prince, en périphérie de Minneapolis) le jour exact du décès de l'artiste.

Présentée dans un petit pot à confiture, la pluie n'était pas « *purple* » mais valait tout de même la bagatelle de 90 € les quelques millilitres....

Le nom de famille de Prince était **Nelson**. Ce nom est représenté à Paris par la Sci Nelson située au n°23, rue Scheffer (16e).

L'œil de l'Aigle qui regarde cette adresse, crée une ligne qui passe sur la Discothèque "Le Milliardaire" (n°3, Boulevard de la Madeleine), sur le centre de l'Ankh (Place de l'Opéra), sur la Sarl Purple Rain (n°16, rue Sainte-Cécile), et sur la Clef de la Mise au Monde (esplanade du Trocadéro).

Au cours de sa vie d'artiste, Prince a amassé une fortune colossale, estimée à 267 millions d'euros. A la suite de son décès, les revenus liés à sa musique pourraient presque tripler.

A Paris, en 2016, l'année de la mort de Prince, s'est jouée au Théâtre de la Porte Saint-Martin une pièce de théâtre justement intitulée "Nelson".

Dans cette comédie, Nelson est un lapin... nain. Prince fut surnommé le "Nain Pourpre"... il mesurait 1,57m.

L'axe Sci Prince (n° 19, Avenue de Messine) et ce théâtre, traverse le Passage des Princes, et aboutit sur le Crématorium du Père Lachaise. Prince fut effectivement incinéré, et ses cendres dispersées dans un endroit tenu secret.

Dans la pièce "Nelson", deux familles s'affrontent. D'un côté, une famille bourgeoise, menée par une mère avocate passionnée par l'argent, la gloire, et la fourrure.

De l'autre, une famille modèle, 100% écolo végétalienne passionnée par les missions humanitaires de toutes sortes et la défense des petits animaux.

Prince a reçu en 2005, la récompense de "végétarien le plus sexy du monde" par le groupe pour la défense du droit des animaux PETA. (People for the Ethical Treatment To Animals).

Strictement végétalien, Prince ne consommait aucun produit dérivé d'animaux. Il disait : "Selon moi, la vie d'un agneau n'est pas moins précieuse que celle d'un être humain".

Prémonition? Une semaine avant sa mort, Prince fit un malaise dans son jet privé, dû à une forte grippe ou d'une overdose d'antidouleur très puissant.

Hospitalisé pour une nuit, il est censé rentrer chez lui pour se reposer, mais il fera tout le contraire ; il invite 300 personnes à Paisley Park, pour faire la fête.

Puis à minuit, il monte sur scène mais ne chante pas ; il joue longtemps sur son nouveau piano violet, puis rassure tout le monde en affirmant qu'il va bien, mais ajoute aussi « *ne gâchez pas vos prières, attendez quelques jours* ».

Prince venait de commencer à écrire ses mémoires quelques semaines auparavant…

En 1986, Prince réalisait "**Parade**", l'un des disques les plus importants de sa carrière, regroupant les titres qui ont fait sa gloire.

Cet album se termine sur une ballade qui prend aujourd'hui un sens très particulier ; " Sometimes it snows in april", (parfois il neige en avril), porte un message de tristesse face à la disparition d'un proche… ou de son double?

A Paris, la Sarl Parade se trouve au n°3, Place…Violet ! Si l'on considère que la "pluie violette" symbolise la mort de Prince, on peut dire que la reconstitution de cette pluie dans la cour de l'Hôtel d'Albret (n°31, rue des Francs Bourgeois), le 2/10/2011, prophétisait en quelque sorte sa mort un mois d'avril.

En effet le Grand Œil (Observatoire de Paris) qui regarde la Sarl "Fin Avril" (n°14, rue Deguerry), crée une ligne qui passe sur cette cour…

La ligne Sarl Prince - Sarl "Fin Avril" passe sur l'entrée de la rue…Dieu !

JIM MORRISON

En 2010, l'écrivain Catherine Dalançon m'a demandé de chercher sur la carte de Paris, s'il existait un alignement la concernant dans le Parisis Code. Elle me communiqua donc toutes ses adresses successives dans Paris et d'autres paramètres personnels.

Elle me révéla également un petit détail original de sa vie, qui devait se révéler en fait, très important.

Elle est en effet depuis quelques années, la protectrice de la tombe du chanteur américain Jim Morrison (1943-1971), chanteur des Doors, un groupe de rock mythique de la fin des sixties.

Jim Morrison est mort d'une overdose à 27 ans, le 3 juillet 1971, dans sa baignoire au n° 17, rue Beautreillis, son dernier domicile parisien. Il n'occupa cet appartement que 52 jours…

C'est Catherine Dalançon qui organise les cérémonies officielles avec l'accord de la conservatrice du cimetière du Père Lachaise.

Entre 1970 et 1990, la tombe de Jim Morrison a fait l'objet d'une véritable dévotion, elle fut l'un des monuments les plus visités du cimetière du Père Lachaise. Certains admirateurs n'hésitaient pas à se shooter sur les lieux !

Ce que nous révèle le Parisis Code, au sujet de Jim Morrison et de Catherine Dalançon dépasse l'entendement !

Lorsque nous créons un axe entre la tombe du chanteur Jim Morrison (division 6 du cimetière du Père Lachaise) et le n° 17, rue Beautreillis, son dernier domicile parisien, on constate qu'il passe sur la rue d'Alençon (évoquant phonétiquement le nom Dalançon) et sur la rue Carcel (15ème arr.) où Catherine Dalançon habita de 1983 à 1986.

Incroyable mais vrai ! Le Parisis Code continu ses étranges alignements : le Lézard King, un bar entièrement consacré à Jim Morrison et aux Doors s'est ouvert fin septembre 2010, à Paris. Malheureusement il a été obligé de fermer ses portes un an plus tard, pour une question de droits d'auteur.

Etrangement, il était situé au n°11 rue des Tournelles (4ème arr.), près de la Place de la Bastille, exactement sur la ligne joignant le tombeau de Jim Morrison au n° 17 de la rue Beautreillis, où est mort le chanteur des Doors !

Autrement dit, ce bar est venu se greffer pendant un an sur la ligne de Catherine Dalançon !

Une manœuvre qui n'est pas d'origine humaine !! C'est une nouvelle preuve que le code est toujours actif et se complète sans cesse !!!

Lorsque l'on joint la dernière adresse de Catherine Dalançon, au n° 17, rue Beautreillis, adresse de décès de Jim Morrison on obtient un axe qui rejoint avec précision la Clef de la Mort, entrée principale du cimetière du Père Lachaise !

Pourquoi baptiser ce bar *Lézard King* ?

Dans son album Celebration Of The Lizard, Jim Morrison se définit ainsi : *I am the Lizard King/I can do anything* ou en bon français : *Je suis le Lézard-Roi/Je peux faire n'importe quoi.*

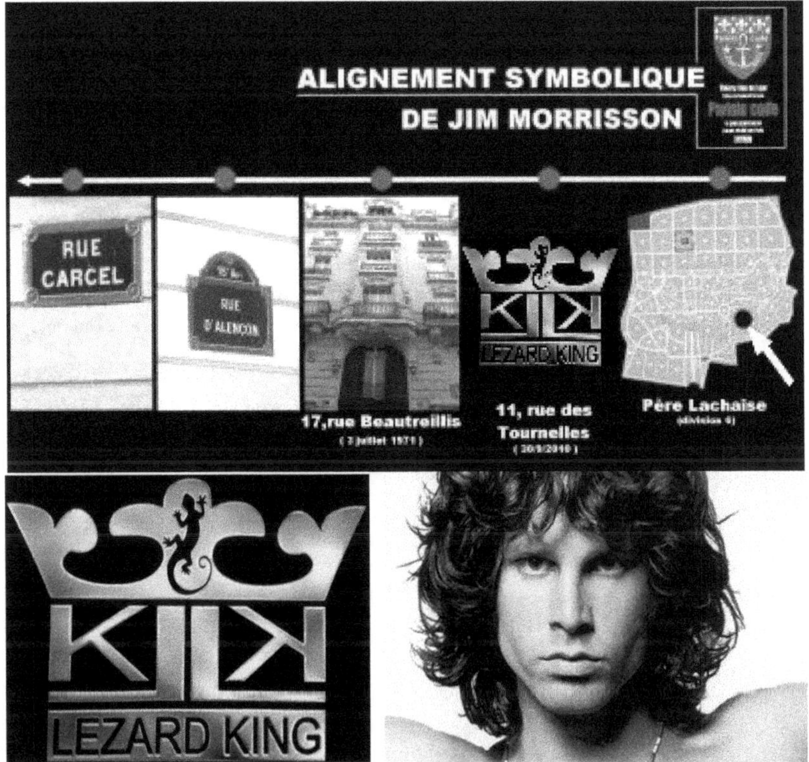

Il existe un autre établissement parisien qui se nomme Lézard Café.
Si nous le relions par une ligne au tombeau de Jim Morrison, celle-ci atteint la Clef de la Célébrité ! Message ?
Si Jim Morrison a appelé son groupe *the Doors* (les portes) c'est qu'il voyait dans le symbolisme de la porte la dimension inquiétante et surnaturelle d'un au-delà inconnu.
Il y a le connu. Il y a l'inconnu. Et entre les deux, il y a la porte, et c'est ça que je veux être…
N'est-ce pas cet *au-delà inco*nnu et cet exemple troublant le concernant qui lève un peu son voile dans le Parisis Code ?
En s'installant pour quelques semaines au n° 17, rue Beautreillis, Jim Morrison a laissé sa trace, son point géographique dans le Parisis Code.

Mort de Ray Manzarek

En juillet 2011, à l'occasion du 40ème anniversaire de la mort de Jim Morrison, le claviériste Ray Manzarek, co-fondateur du groupe The Doors se rendait au Père Lachaise sur la tombe de son ami Jim.
Ray Manzarek, moraliste hors pair, opportuniste de première, utilisant la mémoire du défunt pour faire fructifier son salaire... avait fin avril 2011 demandé la fermeture du Lézard King (bar parisien dédié à la mémoire de Morrison, situé au n°11, rue des Tournelles, ne souhaitant pas « être perçus comme ayant non seulement approuvé l'établissement, mais aussi la consommation d'alcool ».
Le Bar Lézard King (surnom de Jim) s'était ouvert un an auparavant, en septembre 2010, exactement sur la ligne fictive reliant le lieu de la mort de Morrison (n°17, rue Beautreillis), à sa tombe, dans la division 6, (l'une des plus visitées du cimetière du Père Lachaise).

Ce "crime" de lèse Parisis Code ne lui a pas porté chance. Il est décédé d'un cancer le 20 mai 2013, jour de la Saint-Bernardin, moins de 2 années après la fermeture du Lézard King, le 30 juin 2011 !
Incroyable mais vrai, la date de la mort du dernier fondateur du groupe Doors figurait déjà sur la fameuse ligne dédiée à Jim Morrison !

En effet, la rue des Bernardins (extrémité nord) se trouve très précisément sur la ligne tombe, lieu de décès et ex-emplacement du Lézard King.
Axe sur lequel on retrouve même le nom de celle qui s'occupe des cérémonies officielles sur la tombe de Jim : Catherine Dalançon (codée avec la rue d'Alençon).

TOKIO HOTEL

Aussi incroyable que cela puisse paraître, le groupe allemand **Tokio Hotel** est présent dans le Parisis Code. Comment est-ce possible ?
Tokio Hotel est un groupe de pop rock fondé en 2001 à Magdebourg, en Allemagne.
Il fut lancé le 15 août 2005 et propulsé en tête des ventes de disques.
Le groupe se produit pour la première fois à Paris au Trabendo, (Avenue Jean Jaurès ancienne rue d'Allemagne) puis dans la salle mythique du Bataclan (50, Boulevard Voltaire) le 26 novembre 2006.
Comme vous le savez, pour ses alignements symboliques, le Code utilise des mots-clefs.
En l'occurrence le fait d'associer les noms Magdebourg et Tokyo entraîne automatiquement une évocation du groupe Tokio Hotel.
Une présence de ce groupe dans le Parisis Code est possible grâce à une rue de Magdebourg (16ème arr.) et une Place de Tokyo ainsi que le Palais de Tokyo.
Le bâtiment du Palais de Tokyo donne aussi sur l'Avenue de New-York qui a porté le nom d'Avenue de Tokyo (de 1918 à 1945)
Première constatation : la rue de Magdebourg est dans l'alignement Ouest de la Place de Tokyo ainsi que du Palais de Tokyo.
L'œil de l'Aigle des Buttes-Chaumont qui regarde la rue de Magdebourg passe sur la boucle de l'Ankh (entrée de l'Opéra Garnier) et traverse le Place de Tokyo.

La droite reliant l'Olympia, le Temple de la Chanson (et Clef de la chanson dans le Code) à la rue de Magdebourg passe sur la Place de Tokyo.
La droite joignant le Bataclan à la rue de Magdebourg passe aussi sur le Palais de Tokyo, à l'endroit même où, de 2007 à 2009, fut installé sur le toit, un hôtel conceptuel éphémère, dont nous allons parler un peu plus loin. Cette ligne traverse le Musée de la Mode, au Louvre... Il faut savoir que le groupe fut à la mode chez les adolescents, partout dans le monde.
Bill Kaulitz, le leader du groupe, est également devenu une icône de la Mode. Son style autant vestimentaire que capillaire fut très copié par ses fans.
A la limite, on peut démontrer que ce groupe se produirait un jour dans cette salle mythique qu'est le Bataclan ! Ce qui prouve que le Parisis Code a parfois des pouvoirs prophétiques.

Le véritable « Hôtel de Tokyo »

Clin d'œil amusant : le Palais de Tokyo est un musée d'Art Moderne.
Pourtant, un an exactement après la venue à Paris du groupe allemand Tokio Hotel, ce Musée s'est transformé exceptionnellement en *Tokyo Hôtel* (4 étoiles).
En effet, du 4 novembre 2007 à mai 2009 (époque où les "Tokio Hôtel" étaient à leur apogée), deux artistes suisses ont installé sur le toit du Palais de Tokyo une œuvre d'art exceptionnelle qui n'est autre qu'une véritable chambre d'hôtel.
Cette installation (non-commerciale) nommée Hôtel Everland donnait une illusion parfaite car placée dans une situation d'exception, à 30 mètres de hauteur.
La possibilité était offerte à chacun d'y dormir une nuit et une seule, grâce à un système de réservation aléatoire sur internet. L’expérience n’a duré que 557 nuits. Tarif : 333 à 444 euros la nuit.
La chambre de 35 m2 jouissait d'une vue exceptionnelle sur Paris et sur la Tour Eiffel toute proche vers laquelle elle était orientée.
Le confort était réel, les draps soyeux, la salle de bain design et fonctionnelle comme dans les vrais hôtels.

On pouvait y prendre son petit-déjeuner au lever du jour (service assuré par l'hôtel Sezz, n°6 Avenue Frémier).
Parenthèse ici pour préciser que la ligne reliant la Clef de la Communication à *l'Hôtel Everland* passe exactement sur l'hôtel Sezz !).
Eh oui, même ce petit détail figure dans le Code. Sur cet axe se trouve l'Hôtel *Secret de Paris*, rue de Parme…
Everland avait été créée pour l'Exposition Nationale Suisse en 2002. La capsule a d'abord été installée à Yverdon, sur le lac de Neuchâtel, puis sur le toit du musée d'Art Contemporain de Leipzig, en Allemagne, juste avant de rejoindre Paris…

Vue artistique imaginée par l'auteur…

C'est un autre clin d'œil époustouflant de cet hôtel éphémère au groupe Tokio Hotel. En effet, les jumeaux Bill et Tom Kaulitz, chanteur et guitariste du groupe Tokio Hotel sont nés à Leipzig !
Ils sont nés le 1er septembre, jour de la Saint-Gilles.
La ligne reliant la rue Saint-Gilles à la rue de Magdebourg (symbole de la naissance du groupe Tokio Hotel) passe sur l'emplacement de l'hôtel éphémère Everland !
Paris fut la dernière destination de cet hôtel. Aujourd'hui il n'est plus en service, après 1036 nuits de rêve distribuées. Ce nombre cache-t-il un secret ?
A la place de l'Everland se trouvait à partir de 2009 un restaurant de 12 places, lui aussi éphémère, nommé Nomiya, inspiré des minuscules restaurants japonais.

Ici encore le Code est respecté. Il existe à Paris, depuis 2003, un tout petit restaurant japonais, au n°8 rue d'Alleray également baptisé Nomiya.
L'axe Arc de Triomphe – Palais de Tokyo mène sur ce restaurant pourtant situé à près de 4 kilomètres !
Ce petit jeu semble n'avoir aucune fin et comme simplement destiné à nous impressionner.
C'est semble-t-il une démonstration de puissance. Mais qui s'amuse ? Tel est le mystère!

ELVIS PRESLEY

Elvis Presley (1935-1977), surnommé "The King", le roi du rock, est mort et enterré à Memphis (Tennessee) dans sa propriété de Graceland.
A Paris, son fan club officiel français, doublé d'une boutique Elvis my Happiness, se trouve au n° 9, rue Notre-Dame des Victoires (2e).
Ce club revendique 5000 membres, et organise régulièrement des pèlerinages à Memphis.
L'Œil de l'Aigle qui regarde cette adresse, crée une ligne qui traverse avec précision t la discothèque "le Memphis", situé au n°3 impasse Bonne Nouvelle (10e).
Elvis my Happiness, se trouve dans l'alignement sud du Hard Rock Café de Paris (14, Boulevard de Montmartre), sur la ligne reliant la Place des Victoires au Hard Rock Café…
Le bar "Le Tennessee" (représentant l'état d'Amérique où se trouve sa dépouille mortelle) se trouve au n°12, rue André Mazet.
Cette adresse nous mène tout droit sur une représentation en 3 D et grandeur nature du "King".
En effet, le Grand-Œil (Observatoire de Paris) qui regarde l'effigie en cire d'Elvis Presley sous la coupole du Musée Grévin, crée une ligne qui traverse le restaurant King Palace (12, rue Dauphine), le bar "Le Tennessee (12, rue André Mazet), la Place des Victoires (en plein centre, sur la statue du roi-Soleil…) et son fan club parisien (Elvis my Happiness) au n°9, rue Notre-Dame des Victoires.

Priscilla Beaulieu (1945 - 20..) fut l'unique épouse d'Elvis Presley. Priscilla et Elvis furent mariés de 1967 à 1973.
La ligne reliant la Sci Priscilla (58, rue Saint-Honoré) à la Sci Beaulieu (30, rue du Docteur Potain) passe sur le Musée Grévin où se trouve le double en cire d'Elvis Presley, puis sur la Clef de la Célébrité et enfin sur l'Américan Cathédrale de Paris.
Leur mariage fut célébré le 1er mai 1967 à l'Hôtel Aladdin, de Las Vegas. La ligne reliant la Sci Priscilla (44, rue Vivienne) à l'Hôtel Aladin (n°14 Rue des Cordelières) passe miraculeusement sur Elvis, my Happiness (n° 9, rue Notre-Dame des Victoires (2e)!
Le Grand Œil qui regarde la Sarl Las Vegas (14, rue Joseph Dijon), passe sur "Elvis, my Happiness", et le Musée Grévin !
Elvis est mort depuis 1977…
Le Grand Œil qui regarde la statue d'Elvis au Musée Grévin, crée une ligne qui traverse la Sarl "Since 1977", au n°14 rue Jean-Jacques Rousseau, mais aussi "Elvis, my Happiness"!
L'œil de l'Aigle qui regarde le salon de coiffure " Superstars" (n°15, rue d'Argenteuil), crée une ligne qui passe sur "Elvis, my Happiness", et sur la Discothèque "Memphis" (n°3, Impasse Bonne Nouvelle).
La Société "Graceland Studio" (29, rue de la Coquillère) est exactement dans l'alignement sud de "Elvis, my Happiness" (9, rue Notre-Dame des Victoires) aujourd'hui fermée définitivement. "Elvis, my Happiness" possède une nouvelle adresse à Paris, au 27, rue d'Armorique.
La ligne reliant cette adresse à la Discothèque "Memphis", traverse la Sarl "Since 1977" (14, rue Jean-Jacques Rousseau).

LA NEUVIEME PLACE PORTE BONHEUR

Une prédiction faite quelques jours avant le concours eurovision 1988, prévoyait le début de l'extraordinaire destin de la chanteuse québécoise Céline Dion,
La représentante israélienne, Yardena Arazi, n'avait décidé de représenter son pays, qu'à condition d'être certaine de remporter la victoire. Après que le tirage au sort des ordres de passage eut lieu et qu'Israël eut reçu la neuvième place, Arazi alla consulter

une voyante. Celle-ci lui assura que la chanson qui passerait en neuvième position remporterait à coup sûr le concours.
Arazi accepta alors l'offre de la télévision israélienne... Mais quelques semaines avant la finale, la chanson chypriote fut disqualifiée et Chypre, qui avait tiré la deuxième place, dut se retirer. Par conséquent, les ordres de passage furent tous avancés. Israël obtint alors la huitième place, et Yardena Arazi ne terminera que septième. Quant à la fameuse neuvième place, elle échut à la Suisse et à Céline Dion, qui remportèrent finalement la victoire, comme l'avait prédit la voyante, ouvrant ainsi les portes d'une longue carrière internationale.
Dix ans plus tard, en 1998, à Montréal, Céline arborait le chandail 9 du Hockeyeur Maurice Richard... Ce sont les seules photos où Céline porte un numéro sur ses habits...

LES ARTISTES D'ANTAN

GEORGES BRASSENS

La mauvaise réputation

La mauvaise réputation fut la chanson qui fit découvrir Brassens au Grand Public, en 1952. Il l'a toujours chanté à Bobino (20, rue de la Gaité - 14e), ce music-hall de Montparnasse où il connut ses plus grands succès.
La mauvaise réputation fut écrite au n° 9, impasse Florimont, où Georges résida de 1944 à 1966.
A Paris, 28 Rue Léopold Bellan, (2e), il existe un restaurant "La mauvaise réputation".
Ce restaurant, aligné sur Bobino, crée un axe qui traverse l'ancien domicile de Georges Brassens, au 9, impasse Florimont !
Le téléfilm “la Mauvaise réputation”, retrace la vie de Georges Brassens de l'adolescence jusqu'au succès. Le comédien Stéphane Rideau y incarne le jeune Brassens...
Le "Grand-Œil" (Observatoire de Paris) qui regarde la Bibliothèque Georges Brassens (34, rue Gassendi -14e), crée une ligne qui traverse le n° 9, impasse Florimont !
La ligne qui joint la Bibliothèque Georges Brassens (34, rue Gassendi -14e) au Lycée Georges Brassens (40,rue Manin), traverse le restaurant "Le Cette"" (7, rue Campagne Première).
Qu'il y a-t-il de si incroyable, me direz-vous?
Il faut savoir que Georges Brassens est né en 1921 dans la ville de Sète dans l'Hérault. Or, jusqu'en 1927 (donc lorsqu'il est né), cette ville s'orthographiait "Cette" !
Pierre Onténiente (surnommé « *Gibraltar* »), fut l'ami, homme de confiance, secrétaire et comptable de *Georges Brassens* **...**
Son nom est associé à Brassens dans le Paris Code :
Le "Grand-Œil" (Observatoire de Paris) qui regarde Lycée Georges Brassens crée une ligne qui traverse la Brasserie « Le *Gibraltar* » au no 24, Boulevard du Temple !
Cet axe passe aussi par l'œil de l'Aigle et le restaurant le Destin (183, Avenue Jean Jaurès).

Pour financer une statue à la mémoire de Brassens, un appel à la générosité de ses admirateurs fut lancé par l'association " Une statue pour Georges Brassens".
Cette association avait son siège social au n° 36, Boulevard de Sébastopol... exactement sur la ligne joignant le Lycée Georges Brassens au n°42, rue Santos Dumont, qui fut le dernier domicile parisien de Brassens !
Le n°42, rue Santos Dumont est exactement sur la ligne qui joint l'entrée du Parc Georges Brassens à la Bibliothèque Georges Brassens.
La tombe de Georges Brassens se trouve dans le cimetière du Py à Séte.
On remarquera que dans Paris, la ligne joignant la rue de la Py (20e) au Parc et à la station de tram Georges Brassens traverse l'entrée du cimetière du Père Lachaise l'entrée du cimetière Montparnasse, l'entrée du Panthéon et le n°42, rue Santos Dumont !
Le restaurant Chez Georges, au n° 11 Rue des Canettes est une institution depuis 1952 (date clef pour Brassens qui devint célèbre cette année- là !). On y danse au sous-sol...
Comme un clin d'œil, ce restaurant est sur la ligne reliant le Lycée au Parc Brassens !
De plus Canettes évoque le nom de Jacques Canetti, directeur artistique majeur de la chanson française du XXe siècle, qui fut le véritable découvreur du talent de Georges...Il créa le Théâtre des "3 baudets" (n°62, Avenue de Clichy).
Georges Brassens est enterré au cimetière du Py (proche de l'étang de Thau) dans le Sud de la France.
L'axe formé par l'entrée du Parc Georges Brassens et la Clef de la Mort (entrée du Père Lachaise), atteint le milieu de la rue de la Py. Message ?

DRANEM

Charles Armand Menard dit **DRANEM** (1869-1935) fut l'une des vedettes les plus populaires du Café-Concert parisien (Le *Caf'Conce*).
Son style basé sur l'absurdité, la stupidité fut souvent imité par les plus grands comiques, comme Bourvil ou Fernandel.

Son succès a éclaté lorsqu'il eut l'idée de s'affubler d'un costume trop étroit pour lui et d'un chapeau ridicule. Idée reprise également par d'autre, par la suite.
Dranem est l'auteur de *La jambe de bois* (1919) immortel succès (plutôt misogyne) de l'après-guerre.
Il se produisit pendant 20 ans, à partir de 1900, à l'**ELDORADO**, la plus fastueuse salle de Café-Concert de Paris (au n°4, Boulevard de Strasbourg). L'axe rue Dranem (11ème arr.) - Eldorado passe sur le sommet de l'Ankh.

L'Eldorado (1858-1933)

Dranem

L'importance à Paris de cette salle mythique transparait dans la ligne Arc de Triomphe - Eldorado, qui traverse le parvis de l'Opéra Garnier.
Maurice Chevalier, alors âgé de 19 ans, fit ses débuts à Paris en 1907, à l'Eldorado. La droite Place Maurice Chevalier - Eldorado traverse le centre de l'Ankh (Clef du Destin).
Pour son nom de scène, comme beaucoup d'artistes, Dranem avait choisi d'intervertir les lettres de son nom.
Il est amusant de voir comment le Code peut s'amuser avec ce genre de détail.
En effet, dans Paris, il y a la rue Ménars (avec un « s »). Pourtant, le Code nous indique que phonétiquement, au moins, Dranem est lié à ce nom.
La droite rue Dranem - rue Ménars atteint l'Arc de Triomphe.

VINCENT SCOTTO

Vincent Scotto (1874-1952) compositeur marseillais de chansons populaires, est l'auteur de 4 000 chansons, 60 opérettes et 200 musi-ques de film.
Il a répandu une image parfois caricaturale de Marseille et des méridionaux. Il doit sa renommée au compositeur Henri Christiné avec qui il composa la *Petite Tonkinoise*.
Le Grand Œil qui regarde la rue Vincent Scotto, crée une ligne qui traverse le Square Henri Christiné.
On lui doit aussi *Sous les ponts de Paris* ou encore *J'ai deux amours* popularisé par Joséphine Baker. Tino Rossi lui doit un grand nombre de ses succès.
Scotto collabora à plusieurs films de Marcel Pagnol.
La droite Square Marcel Pagnol- rue de la Marseillaise, traverse la rue Vincent Scotto.
La droite Arc de Triomphe - rue de la Marseillaise passe sur la rue Vincent Scotto. L'axe œil de l'Aigle - rue Vincent Scotto atteint le Cours du 7ème Art.
Alignée sur l'Olympia (le Temple de la Chanson), la rue Vincent Scotto crée un axe qui passe dans la boucle de l'Ankh.

DAMIA (1889-1978) célèbre chanteuse et actrice française dans les années 1930, triompha Salle Pleyel en 1949 et à l'Olympia en 1954. Remarque : le Jardin Damia (11ème arr.), l'Olympia et la Salle Pleyel sont alignés !

FREHEL (1891-1951), fut une chanteuse française très populaire. Elle passa à l'Olympia en 1925.
Elle est morte pauvre et alcoolique au n°45, rue Jean-Baptiste Pigalle.
La Place Fréhel orientée sur la clef de la célébrité (Rond-point des Champs-Elysées) crée une ligne passant sur le centre de l'Ankh et sur l'Olympia.

Vincent Scotto

Fréhel

Damia

PIERRE DAC

L'humoriste Pierre **DAC** (1873-1975) chansonnier d'actualité rejoignit, à Londres en 1943, le Général de Gaulle ; il anima l'émission *Les Français parlent aux français.*
Si nous traçons une ligne joignant la rue Pierre Dac (18ème) à la statue du Général de Gaulle devant le Grand Palais (Champs-Elysées), celle- ci croise l'adresse où il vécut de 1937 à 1950 (n° 49, Avenue Junot), puis la Place Blanche (clin d'œil à Francis Blanche, son partenaire à la radio à partir de 1949), et enfin la rue de Londres.
Au n°14 rue de Berne, officia jusque dans les années 50, le *Fakir Birman,* un charlatan qui fut aussi l'inventeur des thèmes astrologiques quotidiens. Son slogan : *Fakir birman, 14, rue de Berne. Dans l'ennui, venez à lui*». En 7 années d'activité, il fut consulté par une Française sur 40 (502.000 clients)!
Il devint célèbre en mars 1932 grâce à un fait divers retentissant plutôt comique : lors d'un gala gratuit, salle Wagram, il se fait enfermer dans une cage de fer en compagnie de 114 rats affamés. Mais la soirée finit en totale débandade. Un misérable fox-terrier à poil dur grimpe sur la scène, s'acharne contre la cage, ouvre la porte. Les rats, se répandent dans la salle. Déferlement de hurlements hystériques. Des femmes s'évanouissent, d'autres grimpent sur les fauteuils. Le fakir est au sommet de sa carrière !
C'est précisément ce *fakir* (nommé Charles Fossez) qui inspira le fantaisiste Pierre Dac, dans son fameux sketch *Le Fakir*.

Dans le Code on sera étonné de voir la ligne Clef de la Communication - rue Pierre Dac passer avec précision sur l'adresse de ce célèbre Fakir, au n°14 rue de Berne !

MAURICE CHEVALIER

Maurice **CHEVALIER** (1888-1972) chanteur de variétés et artiste de cinéma très populaire en France et symbole de la France à l'étranger à une place à Paris (20ème arr.).
La ligne qui rejoint cette place à l'Arc de Triomphe (honneur suprême) passe par la boucle de l'Ankh (l'Opéra), la « clef » qui chante par excellence !
C'est grâce à un immense succès remporté à Marseille en 1905 qu'il devint une grande vedette à Paris aux Folies Bergère et au Casino de Paris.
La ligne qui part de la Place Maurice Chevalier et traverse la rue de Marseille atteint les Folies Bergère.
Il fit aussi une *chanson du maçon* ! C'est peut-être pour cette raison que cette ligne passe aussi sur le Musée du Grand-Orient de France ?
A Paris, l'ancien Alhambra, fermé en 1967, qui se trouvait au n°50, rue de Malte, fut rebaptisé dans les années 50, *Alhambra Maurice Chevalier* en l'honneur de cette grande vedette du music-hall. Ceci est clairement indiqué dans le code : l'axe reliant la Place Maurice Chevalier à l'emplacement de cette salle, nous mène sur la clef de la Naissance, parvis des Droits de l'Homme du Trocadéro.

Aujourd'hui à la place de l'Alhambra se trouve le siège... de l'ANPE-Spectacles!
Le trompettiste, chanteur et chef d'orchestre noir américain, Louis **ARMSTRONG**, né en 1900 à la Nouvelle Orléans, berceau du Jazz, fut sans conteste le véritable initiateur du Jazz classique. Il fut inhumé en 1971 à New-Orléans (Louisiane, U.S.A).
A Paris ce *monument* du Jazz a sa place : la Place Louis Armstrong (13ème arr.).
J'ai eu du mal à trouver l'alignement qui lui était réservé dans le Parisis Code. Un spécialiste du Jazz l'aurait trouvé de suite !
En effet, il faut savoir que le *Temple* du Jazz se trouve dans les murs de l'Hôtel *Méridien-Etoile* : c'est le Jazz Club Lionel Hampton situé au n°81, Bld Gouvion Sain-Cyr .
Effectivement, si nous relions par une droite, la Place Louis Armstrong à cet endroit mythique, celle-ci traverse comme il fallait bien s'en douter, la Place de l'Etoile sur l'Arc de Triomphe ! Plus de 7 kilomètres séparent ces deux endroits.
Louis Armstrong a aussi joué et triomphé dans la salle mythique de Paris : la *Salle Pleyel.*
La Place Louis Armstrong alignée sur cette salle donne une droite traversant comme un message le Panthéon, destiné aux Grands Hommes !
Enfin, la rue de la Louisiane (18ème arr.) semble être orientée en direction de la Place Louis Armstrong.
Cette rue est de toute façon à quelques mètres près dans l'alignement nord de la place.

George **GERSHWIN** (1898-1937) américain né à Brooklyn, compositeur de jazz (Un américain à Paris, Porgy and Bess, Rhapsody in Blue), a sa rue dans Paris, 12ème arrondissement, proche de Bercy.
Comme Louis Armstrong, l'autre « grand » du Jazz, sa rue est reliée au *Temple du Jazz* du Boulevard Gouvion Saint Cyr (17ème) ; comme lui, sa ligne traverse la Place de l'Etoile !

Maurice Chevalier *Louis Armstrong* *George Gershwin*

JEAN NOHAIN

JEAN NOHAIN (1900-1981) fut l'un des pionniers de la Radio-Diffusion Française, qui émettait alors depuis la Tour Eiffel.
Il fut aussi le premier, dès 1925, à animer des jeux à la radio (Poste parisien), puis à la télévision (R.T.F) à partir de son inauguration officielle le 13 février 1935.
Juste reconnaissance de la France à travers le Code : la Tour Eiffel !
La ligne qui part de la rue Jean Nohain (19ème arr.) et atteint le centre de la Maison de Radio-France, également Clef de la Communication, passe par la rue Cognacq-Jay siège de la Télévision à l'époque, et traverse en effet le centre de l'emblème de Paris.
Elle passe aussi par le Ministère de la Justice. Pourquoi ? Avant d'être animateur il était… avocat !
Pendant la guerre, il se sert de ses émissions comme d'actes de résistance avant de rejoindre les Forces Françaises Libres à Londres.
Jean Nohain a vécu pendant 60 ans, Square Alboni (2 et 9).
La ligne de 7 kilomètres qui joint cette adresse à la rue Jean Nohain, croise la rue Cognacq-Jay et… la Place de la Résistance !
Elle passe aussi sur le centre de l'Ankh (Place de l'Opéra).
Pour trouver sa tombe, rien de plus simple : reliez la rue Jean Nohain à la pointe du bec de l'aigle ; cet axe vous conduira à la section 89 du cimetière du Père Lachaise, où il repose.

SUZY SOLIDOR

Suzy **SOLIDOR** (1900-1983), chanteuse française, actrice et romancière, a servi de modèle à plus de 200 peintres.
Symbole de la garçonne des Années folles, elle contribua aussi à faire connaître au grand public le milieu homosexuel parisien de l'Après-guerre.

Cette descendante du corsaire Surcouf n'a pas de rue dans Paris (elle fut une collaboratrice pendant la guerre), par contre, son parcours dans la capitale interpelle.
En effet de 1933 à 1946 elle chanta à *La Vie Parisienne*, son 1er cabaret, au n° 12, rue Ste-Anne.
En 1949, elle ouvrit un autre cabaret, *Chez Suzy Solidor*, au n°4, rue Balzac (près des Champs-Elysées).

Si l'on crée un axe reliant ces 2 adresses, il rejoint l'Arc de Triomphe ! Cette ligne traverse la rue Jean Mermoz dont elle fut l'amante.

JOSEPHINE BAKER

L'américaine Joséphine **BAKER** (1906-1975), de son véritable nom Fréda Joséphine Carson Mac Donald, né à Saint-Louis (Missouri) fut une célèbre meneuse de revue du Moulin Rouge.

La *Perle Noire du Moulin Rouge* fit scandale par son charleston érotique et sa tenue de scène composée de bananes.
Elle était dans les frivoles années 20, la muse exotique des peintres cubistes. Elle eut 6 maris et adopta 12 enfants.
Joséphine Baker qui était Franc-maçon, eut une vie extraordinaire ; elle possède une petite place à Paris, près de la Tour Maine-Montparnasse et... sa ligne dans le Parisis Code. Pas facile à trouver de prime abord, mais oh combien symbolique !
Cette ligne Place Joséphine Baker - Musée du Grand-Orient de France passe par la Statue équestre du Roi Soleil, point de départ de l'Axe Solaire Historique ; de quoi rappeler qu'elle aussi était une fille de la Lumière.
Les Francs-maçons se disent *fils de la Lumière* !

Plus de 20 000 personnes assistèrent aux funérailles de Joséphine Baker dans l'Eglise de la Madeleine à Paris. Elle venait de recevoir la Légion d'Honneur. C'est aussi la raison pour laquelle la Place Joséphine Baker se trouve à cet endroit.
En effet, si nous traçons une ligne passant par l'Eglise de la Madeleine et le Palais de la Légion d'Honneur nous atteignons, dans l'alignement Sud, la Place en question.
La Petite Tonkinoise fut en 1930, l'un des plus grands succès de Joséphine Baker.
Voici un exemple qui prouve que la pointe du bec de l'Aigle des Buttes-Chaumont est capable de nous indiquer un point important et précis concernant un personnage.
La ligne reliant la pointe du bec à la Place Joséphine Baker traverse bien une voie parisienne qui évoquait le Tonkin.
En effet, il s'agit de la rue Civiale qui, jusqu'en 1884, s'appelait rue du Tonkin!
L'information existe dans le Code, mais elle se mérite!
Confirmation: Les paroles de la Petite Tonkinoise fut écrites en 1905 par Henri Christiné.
La ligne reliant la pointe du bec au Square Henri Christiné (10ème) traverse bien la rue Civiale!

TINO ROSSI

Tino **ROSSI** (1907-1983) fut le chanteur corse le plus populaire de France.
Son nom est gravé à Paris grâce à un Musée d'Art Moderne en plein air : le Jardin Tino Rossi (5ème arr.), 32 000 m2 ! Trois alignements ont été prévus pour lui.

1) Concernant la chanson, par une ligne Jardin Tino Rossi - Olympia (Temple de la Chanson, symbole de consécration) qui, comme il se doit, traverse le Quai de Corse (4ème arr.).
2) Concernant son origine corse, par une ligne qui part du Jardin Tino Rossi et se termine sur le Parvis du Trocadéro, Clef de la Naissance, en passant par le Square d'Ajaccio (aux Invalides), ville de Corse où il est né et où il repose à présent.
3) Un autre alignement le relie à la France et à Napoléon qu'il a chanté dans *l'Ajaccienne*. Cette ligne qui relie la Tour Eiffel au Jardin Tino Rossi, passe sur le tombeau de l'Empereur.
Il était surnommé par certains, l'*Empereur de la Romance*.
Un alignement spécial est réservé à la Corse, histoire de confirmer l'appartenance de cette île à la France : Tour Eiffel - Square d'Ajaccio - Quai de Corse.

DJANGO REINHARDT

Jean-Baptiste **DJANGO REINHARDT** (1910-1953). A l'occasion du centenaire de sa naissance, le 23 janvier 2010 a été inauguré à Paris, proche de la Porte de Clignancourt, la Place Django Reinhardt.
Elle se trouve sur le Plateau des Puces, un quartier imprégné de la culture manouche.
C'est dans ce quartier, lieu de retrouvaille hivernal pour les manouches dans une caravane que le grand compositeur de jazz

et ambassadeur de la musique manouche *Django* Reinhardt a passé une bonne partie de son enfance et de son adolescence.
C'est là qu'il a joué ses premières gammes sur sa *guitare-banjo* qu'il a reçu à l'âge de 12 ans.
Le 26 octobre 1928, Django est victime de l'incendie de sa roulotte. Brûlé à la jambe droite et à la main gauche, il perd l'usage de deux doigts et reste 18 mois à l'hôpital Lariboisière où les médecins lui annoncent qu'il ne pourra plus jamais jouer de musique. Mais Django n'est pas de cet avis.
C'est sans doute à cette date, que naît le véritable Django Reinhardt, celui que Jean Cocteau appellera bientôt *l'homme à la guitare qui parle.*
L'axe formé par la Place Django Reinhardt et la rue Sainte-Cécile (patronne des Musiciens) mène au Panthéon !
En 1934, il monte le célèbre Quintette du *Hot Club de France* avec le violoniste Stéphane Grapelli et donne ses premiers concerts à l'Hôtel Claridge, sur les Champs-Élysées, au n°74.

La Clef de la Communication, la clef de la Création alignées sur la Place Django Reinhardt passe exactement sur l'Hôtel Claridge !
En février 1935, il fit un triomphe à la fameuse Salle Pleyel. Dans le Code, la Place Django Reinhardt, la salle Pleyel et l'Arc de Triomphe sont alignés !

EDITH PIAF

EDITH PIAF (1915-1963), la *môme Piaf*, de son vrai nom Giovanna Gassion chanteuse populaire française (music-hall et variété) est un véritable monument national, au même titre que la Tour Eiffel.

Son talent est connu et reconnu dans le monde entier. Sur les 80 titres de chansons qu'elle interpréta, 30 furent composés par elle (paroles et musique)

Juste reconnaissance de la Capitale, une place située près de la Porte de Bagnolet, dans le 20ème arrondissement, porte son nom.

A l'occasion du 40ème anniversaire de sa mort, le 11 octobre 2003, une statue à son effigie a été érigée à cet endroit.

Elle fut beaucoup inspirée par la célèbre chanteuse Fréhel.

La Place Fréhel est proche du n° 72, rue de Belleville où Edith naquit et passa une partie de son enfance.

Quels alignements a-t-on concocté à cette artiste exceptionnelle ?

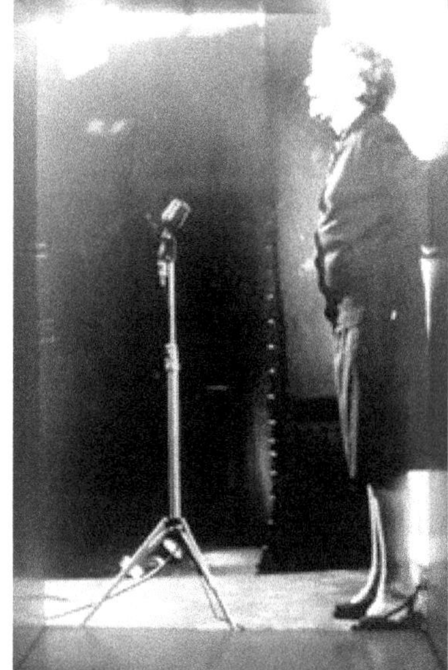

Edith Piaf et le dernier concert de sa vie à la Tour Eiffel...

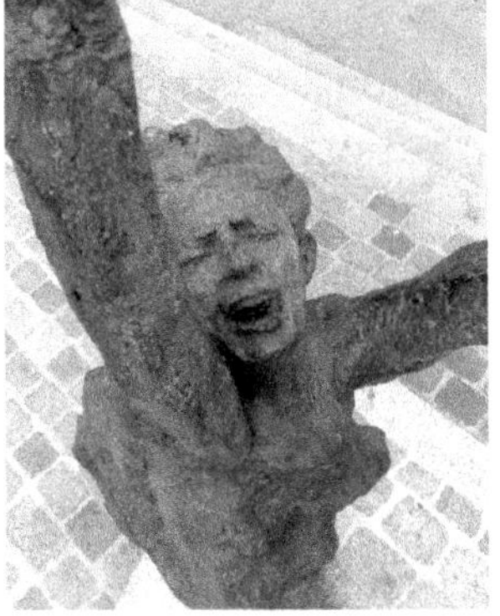

Utilisons la *Clef Universelle* réservée aux personnalités les plus marquantes, et aux évènements exceptionnels : la Pyramide du Louvre.
La Place Edith Piaf alignée sur cette clef nous indique exactement le centre de la Tour Eiffel, l'autre monument prestigieux, lui aussi célèbre dans le monde entier ! Pourquoi tant d'honneur ?
Le 25 septembre 1962 fut effectivement pour Édith Piaf, cette grande chanteuse d'1,42 mètre, une journée exceptionnelle.
Elle a chanté depuis le premier étage de la Tour Eiffel devant le Général De Gaulle et 25 000 Parisiens, à l'occasion de la première mondiale du film de Darryl f. Zanuck, *Le jour le plus long,* retraçant le débarquement de Normandie (6 juin 1944) et la libération de la France par les Alliés. Ce concert fut le dernier de sa vie ; il ne lui restait que 382 jours à vivre…
Édith Piaf passa 5 fois à l'Olympia, entre 1955 et 1962.
Elle sauva d'ailleurs cet établissement de la faillite. La série de concert de 1961, réalisée à la demande insistante de Bruno Coquatrix fut le plus mémorable de sa carrière.
Grâce à la rue Bruno Coquatrix, ouverte en 2010, nous obtenons un alignement qui confirme ce succés : l'axe Place Édith Piaf - rue Bruno Coquatrix amène sur le parvis de l'Arc de Triomphe !
Dans le même esprit, si nous alignons la Place Edith Piaf sur cette salle de spectacle qui joua un grand rôle dans sa carrière, l'axe atteint également la Place de l'Etoile.
Etoile qu'elle était effectivement. D'ailleurs le 2ème film dans lequel elle tourna, en 1945 s'appelait : *Etoile sans lumière.*

A ce propos, il existe une anecdote absolument véridique et croustillante concernant indirectement Edith Piaf et l'Arc de Triomphe de l'Etoile.
Son pianiste fut condamné à 3 mois de prison pour avoir osé faire cuire des œufs sur la flamme du Soldat Inconnu ! Il n'y a pas de petites économies !
Edith Piaf serait née le 19 décembre 1915, au n° 72 de la rue de Belleville. Sa mère étant seule quand les douleurs ont commencé, elle descendit pour trouver un taxi.
Trop tard, l'accouchement serait survenu dans la rue, sous un réverbère… La mère et l'enfant furent transportés à l'Hôpital Tenon, établissement le plus proche.

C'est là que fut délivré le certificat de naissance d'Edith, la future *Môme Piaf.*
Au n° 72 de la rue de Belleville une plaque précise : *Sur les marches de cette maison, naquit le 19 décembre 1915 dans le plus grand dénuement Edith Piaf dont la voix, plus tard, devait bouleverser le monde.*
Morte à 48 ans le 10 octobre 1965, elle est (officiellement) décédée le 11 octobre, le même jour que son ami Jean Cocteau (74ans), elle fut enterrée 3 jours plus tard au cimetière du Père Lachaise (section sud, division 97, rue Transversale 3). Ce *double deuil national* a bouleversé la France entière.
La droite rue Jean Cocteau - place Edith Piaf passe par l'œil de l'Aigle. Plus étonnant encore : la ligne Square Jean Cocteau - place Edith Piaf passe sur l'entrée Nord-est du Père Lachaise, la Porte Gambetta, une autre *clef de la Mort* ! Deux hasards de

plus! Précisons ici, que c'est en apprenant le décès de son amie Piaf, qu'il connaissait depuis 20 ans, que Cocteau aurait été pris d'une crise d'étouffement qui lui fut fatale…
Pour avoir le droit d'être inhumée dans ce cimetière prestigieux, il était indispensable que Piaf soit décédée à Paris.
Dans la nuit du 10 au 11 octobre, son corps fut donc rapatrié en voiture et en toute illégalité, de Plascassier, près de Cannes où elle venait de mourir, jusqu'à son appartement parisien du Boulevard Lannes où dès le lendemain, le médecin délivra un certificat de décès daté du 11 octobre.
En créant la place Edith Piaf à cet endroit précis de Paris, le Parisis Code a réalisé un étonnant triangle symbolique : sur la ligne 72, rue de Belleville - place Edith Piaf, si nous traçons une perpendiculaire (vers le sud) au niveau de l'Hôpital Tenon, cette ligne atteint la tombe d'Edith Piaf au Père Lachaise.
Selon certaines sources, Piaf serait née rue Piat (20ème arr.), voie débouchant sur la rue de Belleville à quelques mètres seulement de la maison où vivait sa mère…
Cette différence est négligeable et ne change rien aux alignements symboliques qui débouchent à cet endroit.
On remarquera en passant l'étrange similitude entre le nom Piaf et la rue Piat. N'aurait-elle pas inspiré le nom d'artiste d'Edith, contrairement à la version officielle ? Concernant cette rue Piat, j'ai relevé encore une étrange coïncidence.
Édith Piaf était très croyante ; son interprétation de *Mon Dieu* est la plus émouvante de toutes ses chansons.
Elle porta autour de son cou, toute sa vie durant, une médaille protectrice de Sainte-Thérèse de Lisieux ; Sainte à laquelle elle vouait une dévotion toute particulière mêlée de superstition. D'après Édith, la sainte l'avait sauvé de la cécité dont elle fut frappée à l'âge de 7 ans, suite à une Kératite.
On dit que c'est en appliquant sur ses yeux de la terre prélevée sur la tombe même de la Sœur (un an avant la translation des reliques dans la chapelle du Carmel le 26 mars 1923) qu'elle fut miraculeusement sauvée.
Cela devient d'autant plus troublant lorsque l'on sait que Sainte-Thérèse de Lisieux est fêtée le 1er octobre, et que comme par hasard le Saint qui est honoré ce même jour est Saint-Piat dont le

nom est évoqué dans Paris, grâce à la rue Piat, rue tellement liée à la naissance d'Edith Piaf, et si proche de la rue de son enfance ! Dire que Sainte-Thérèse de Lisieux a suivi Edith Piaf depuis sa naissance n'est pas déraisonnable et semble confirmé dans le Code. Chaque fois qu'Edith vivait un grand évènement dans sa vie, elle se rendait à Lisieux.
Le point géographique dans Paris formé par l'intersection 72, rue de Belleville et la rue Piat, aligné sur la rue Thérèse (1er arr.) nous amène au bout du Bassin Phallus, clef de la Création.
Édith Piaf a vécu au n° 67, du Boulevard Lannes (16ème arr.), ses dernières années jusqu'au 11 octobre 1963, jour où elle fut ramenée morte à Paris à bord d'une automobile.

On remarquera que cette dernière adresse se trouve très précisément dans l'alignement Ouest de la place Edith Piaf.

C'est à croire que Piaf connaissait le Code et qu'elle a choisi cette adresse précisément en fonction de ce paramètre. Mais nous savons que ce n'est pas possible.

Dans le Code, toute la vie tumultueuse de Piaf est jalonnée de mystères. Ainsi, s'il est une adresse importante dans sa vie, c'est bien celle du Cabaret *le Gerny's*, n°54, rue Pierre Charron, près des Champs Elysées.

C'est en effet dans ce cabaret qu'en 1935, son talent artistique éclata, grâce à un certain Louis **LEPLEE**.

C'est lui qui lui donna son nom d'artiste : *Piaf.* L'œil de l'Aigle qui regarde le n°54, rue Pierre Charron (anciennement le Gerny's), forme une droite qui atteint par miracle la dernière adresse de Piaf, le n° 67 du Boulevard Lannes !

Mais le point géographique dans Paris le plus crucial pour Edith est sans conteste l'angle de la rue Troyon et de l'Avenue Mac Mahon (17ème arr). C'est là qu'en octobre 1935, chantant comme d'habitude sur le trottoir, elle fut découverte par Louis Leplée.

Nous l'avons déjà constaté, le sommet de l'Ankh, la Place Diaghilev est une clef qui met l'accent sur quelque chose d'éminemment important dans la vie d'une personnalité.
Concernant Piaf, l'alignement est tellement spectaculaire qu'une grande émotion s'est emparée de moi lorsque je l'ai découvert et j'avais la chair de poule en écrivant ces lignes.
En effet la droite de 8,2 kilomètres, partant de la place Edith Piaf transitant par le sommet de l'Ankh atteint très précisément le point de rencontre qui devait marquer à jamais le fabuleux destin de la *Môme Piaf*.
Sur cette ligne, nous trouvons comme par hasard le n°11 du Boulevard Poissonnière qui revêt également une importance toute particulière pour Edith.
En effet, à cette adresse précisément se trouvait de 1935 à 1965, l'*A.B.C*, salle mythique parisienne où elle fit ses débuts et où elle triompha en interprétant *Mon Légionnaire*.
Ce destin est d'ailleurs confirmé par une seconde ligne tout aussi troublante : celle unissant le fameux point de rencontre au tombeau d'Edith au Père Lachaise. Elle traverse le centre de l'Ankh (Place de l'Opéra)!
Il existe à Paris un petit Musée Edith Piaf qui se trouve au n°5, rue Crespin du Gast (11ème arr.) ; il n'est ouvert que sur rendez-vous. Croyez-vous que cette adresse est le fruit du hasard ?
C'est probablement ce qu'affirmera son conservateur. Pourtant nous constatons que ce musée se trouve exactement sur l'axe formé par le centre de la boucle de l'Ankh et le lieu de la rencontre qui changea la vie d'Edith.
En fait, c'est précisément dans ce petit appartement qu'elle habitait avant qu'elle soit découverte.
Le propriétaire de cet appartement, grand admirateur de Piaf a créé ce petit musée privé en son honneur.
En 1940, son compagnon d'alors, le comédien Paul Meurisse (1912-1979), connu pour sa grande distinction et son flegme, eut une grande influence dans la carrière de Piaf. Il lui apprit une façon plus élégante de se comporter.

Cette importance transparait dans le Code, avec l'alignement rue Paul Meurice - cabaret le **GERNY'S**, qui traverse le centre de l'Ankh et le Rond-point des Champs-Elysées, clef de la Célébrité. Cette ligne atteint le Boulevard Lannes.

Comble de reconnaissance, elle reçut le *Grand Prix de l'Académie Charles Cros* pour l'ensemble de sa carrière.

Détail révélé dans le Code : la droite reliant la rue Charles Cros (20ème arr.) au Cabaret *le Gerny's*, passe dans la boucle de l'Ankh au niveau de l'entrée de l'Opéra Garnier.

Une preuve que Sainte-Thérèse veillait à cette récompense, comme Edith le pensait ?

La droite joignant le bout du Phallus (Clef de la Création, de la révélation ou du don) à la rue Charles Cros traverse - tenez-vous bien - la rue Thérèse et le n°72, rue de Belleville lieu présumé de la naissance d'Édith Piaf !

La naissance d'Édith Piaf figure d'ailleurs très nettement dans le Parisis Code ; il est clair qu'elle devait devenir célèbre, car le Code lui a réservé son *Panthéon virtuel.*

En effet, le 19 décembre date de naissance d'Édith est la Sainte-Anastase. Elle est donc codable avec la rue du même nom.

L'axe n° 72, rue de Belleville - rue Sainte-Anastase (3ème arr.) atteint le Panthéon !

Édith Piaf était Rosicrucienne. Ce détail apparaît en dressant la ligne place Edith Piaf - Parvis du Trocadéro (clef de la naissance, mais aussi de la Révélation) : elle croise l'Espace Saint-Martin (n°199, rue Saint-Martin).

C'est le siège de la Rose-croix **AMORC** !

Édith Piaf vécut avec Yves Montand en 1944. L'axe formé par l'œil de l'Aigle et la Place Édith Piaf atteint au Nord, la Promenade Signoret-Montand…
La *Môme Piaf* eut une relation amoureuse (de 1946 à 1949) avec le champion du monde de Boxe Marcel **CERDAN** (1916-1949) disparut dans un accident d'avion (un *Constellation*) le 27 octobre 1949, le premier de l'Histoire de la compagnie aérienne Air France sur le vol Paris-New-York.
La ligne qui unie la Place Marcel Cerdan au siège Air France des Champs-Élysées (n°119) passe sur la Tour Eiffel (symbole de Paris), et l'Avenue de New-York !
Marcel Cerdan devint champion du monde le 21 septembre (Saint-Matthieu) 1948. Si nous relions la Place Marcel Cerdan à la rue Saint-Matthieu, la droite passe par la boucle de l'Ankh !
La place Édith Piaf est aussi sur l'axe qui joint la *Maison du Sport Français* à la Place Marcel Cerdan.
Edith et Marcel s'installèrent en 1947 à Auteuil, dans un hôtel particulier situé au n°7 de la rue Leconte de l'Isle (16ème arr.).
Aussi incroyable que cela puisse être, cette adresse est très nettement indiquée dans le Parisis Code !
Une droite de 10 kilomètres reliant la Place Édith Piaf à cette adresse, traverse en plein centre la Place Marcel Cerdan !
J'en ai eu personnellement le souffle coupé !
Edith, très superstitieuse allait jusqu'à coudre des médailles protectrices de Sainte-Thérèse dans les culottes de combat de son compagnon!

n°7 de la rue Leconte de l'Isle

Marcel Cerdan

Le boxeur Marcel Cerdan (1916 - 1949) débuta à Paris à la Salle Wagram, contre Louis Jampton.
Semant la terreur sur les rings ; il est surnommé *le bombardier Marocain.*
Aujourd'hui, à proximité du Palais des Sport Marcel Cerdan de Levallois-Perret, il possède sa statue en bronze (devant le n°19, de la rue Marcel Cerdan).
Au vélodrome d'Hiver de Paris (Vel'd'Hiv) (1909-1959) de sinistre mémoire, à partir de 1926 on procéda à l'élection de la *Reine des 6 jours*, chargée de donner le départ de la course cycliste ; les Reines étaient choisies dans le milieu des artistes populaires à la mode.
Édith Piaf, Annie Cordy et Yvette Horner (la reine de l'accordéon) furent ainsi *Reines des 6 jours.*
Dans le Code, on s'aperçoit que le destin d'Édith Piaf fut lié d'une certaine façon au Vel'd'Hiv.
La Clef de la Communication alignée sur la Place Édith Piaf passe exactement sur l'emplacement du Vel'd'Hiv, rue Néléton.

Au Vel'd'Hiv, les 16 et 17 juillet 1942 furent parqués des milliers de juifs qui furent acheminés au camp d'extermination d'Auschwitz-Birkenau.
Le Mémorial d'Auschwitz-Birkenau se trouve au Père Lachaise, division 97.

La Clef de la Communication alignée sur ce mémorial traverse l'emplacement du Vel'd'Hiv !
Les funérailles d'Édith Piaf furent célébrées dans l'église Saint-Honoré d'Eylau, en présence de 40 000 admirateurs, et de son amie Marlène Dietrich.
Comme si le destin de cette chanteuse était écrit depuis longtemps dans les rues de Paris, la droite joignant cette église à l'adresse de son enfance passe sur l'adresse du Gerny's au n°54, rue Pierre Charron, où son destin l'attendait... Cette ligne traverse le centre de l'Ankh.
Enfin, concernant son amie Marlène, on constatera que l'axe n°72, rue de Belleville (adresse d'enfance) -lace Marlène Dietrich atteint le Bou-levard Lannes, à moins de 50 mètres de la dernière adresse d'Édith !
Marion **Cotillard** qui a incarné la *Môme Piaf* au cinéma en 2006 a déclaré s'être rendue à Lisieux sur la tombe de Sainte-Thérèse, 4 jours avant le tournage du film…
Elle a remporté aux États Unis, le prix Golden Globe 2008 de la meilleure actrice pour son interprétation d'Édith Piaf dans *La vie en Rose*, titre américain de ce film. Merci Sainte-Thérèse !

Dupont, le premier amour de Piaf…

A 17 ans, en 1933, elle rencontre son premier grand amour, un certain Louis Dupont, surnommé "P'tit Louis", dont elle devient la maîtresse. Rapidement, elle tombe enceinte…
En 1935, sa fille unique, Marcelle, décédera d'une méningite à l'âge de 2 ans et demie.
Ayant quitté Louis Dupont, elle sombre dans la pauvreté, la drogue et la prostitution, jusqu'à ce jour d'octobre 1935 qui va transformer sa vie à jamais.
Dans le Parisis Code, Dupont, le 1er homme de Piaf et son rapport avec le cirque sont clairement indiqués. Il n'existe à Paris que 2 voies portant ce nom de Dupont, sans prénom, donc utilisable pour tous les Dupont :
L'axe Villa Dupont - Cité Dupont mène sur la division 97 du cimetière du Père Lachaise, où se trouve la tombe d'Edith Piaf.

Cette ligne traverse la rue du Cirque, et sur le 34 rue du Colisée où se trouve *Le Bœuf sur le toit*, le restaurant mythique préféré de la chanteuse (au sommet de sa gloire).
La Clef de la Communication (Radio-France) alignée sur la Place Edith Piaf, crée une ligne qui passe sur la Cité Dupont.

La vie en rose

La Clef de la Création alignée sur la Place Edith Piaf, crée une ligne qui passe exactement sur le Cirque d'Hiver (Clef du Cirque)...
Incroyable mais vrai, dans ce cirque, du 18 décembre 2007 au 5 janvier 2008 se produisit la fameuse comédie musicale : *Piaf, une vie en rose et noir*.
Le spectacle se produit du 13 septembre 2012 au 11 avril 2013 au Théâtre Daunou, à l'occasion des soixante ans de la mort de Piaf.
Aussi incroyable que cela puisse paraître, le Théâtre Daunou n'a pas été choisi au hasard par le Parisis Code.
C'est en effet le seul théâtre qui se trouve avec précision sur une ligne qui résume la vie (en rose et noir) d'Edith Piaf.
Une ligne de 8,5 kilomètres qui joint son premier domicile parisien (où elle est née) au n°72, rue de Belleville, et son dernier domicile parisien, le n°67, du Boulevard Lannes.
Sur cette ligne, on trouve aussi l'église orthodoxe grecque d'Orient de la rue Georges Bizet où elle s'est mariée en 1962, un an avant sa mort avec Théo Sarapo, un jeune garçon-coiffeur grec !
Enfin, ce Théâtre Daunou se trouve avec une précision chirurgicale dans l'alignement Est de l'endroit où Piaf se produisit pour la première fois devant un public : le Cabaret l**e** **Gerny's** de Louis Leplée, au n° 54 de la rue Pierre Charron !
Et savez-vous ce que traverse la ligne reliant le Théâtre Daunou à la Place Edith Piaf ?
Le Musée... Edith Piaf, au n°5 de la rue Crespin du Gast. Vous avez dit "miracle"?

L'Hymne à l'Amour

Fin 1945, Edith Piaf louait (sous le nom de Mme Bigard) avec sa sœur de lait Simone Berteaut, un appartement au n° 71, Avenue Marceau.

On en trouve la trace dans le code : la ligne joignant cette adresse à la Place Edith Piaf, passe bel et bien sur le Musée Edith Piaf (5, rue Crespin du Gast).

En 1949, Edith Piaf acheta près de 19 millions de francs, un Hôtel particulier de 336 mètres carrés au n° 5 de l'Avenue Gambetta, à Boulogne-Billancourt. Elle prévoyait d'y installer un ring pour son amant Marcel Cerdan.

Aujourd'hui il est devenu le Musée des Années 30 - Espace Landowski.

Même si ce bien fut revendu rapidement en 1952, suite à la mort accidentelle de Cerdan, le Parisis Code nous montre néanmoins qu'il existe un lien entre cet immeuble et Edith Piaf.

En effet en créant un axe Musée Edith Piaf - Clef de la Communication (Radio-France - entrée principale, pour plus de précision), nous tombons sur cette adresse ! Pourquoi, tant d'importance ?

C'est là qu'en 1949, Édith Piaf créa L'Hymne à l'Amour, sa plus grande chanson ; celle qui la rendit mondialement célèbre !

Important : cette chanson fut écrite avant la mort de Cerdan...

C'est aussi à cette adresse qu'elle organisa des séances de spiritisme durant lesquelles elle faisait tourner les guéridons afin de communiquer avec son amant disparu.

C'est au cours de l'une de ces séances que Cerdan lui aurait *dicté* la Chanson bleue...

Depuis septembre 2012, à Paris, au n°41, rue Godot de Mauroy, il existe un magasin de Lingerie et sous-vêtements qui s'appelle *L'Hymne à l'Amour* ! Qu'en fait le Code ?

C'est à l'angle rue Troyon - Avenue Mac Mahon qu'Edith fut découverte...

En reliant cet endroit précis au Musée Édith Piaf (5, rue Crespin du Gast), on obtient une ligne de 6,4 kilomètres qui passe sur la boutique *L'Hymne à l'Amour* !

En plus cette ligne traverse la Boucle de l'Ankh, la Clef du Destin !

L'œil de l'Aigle (l'île des Buttes-Chaumont) qui *regarde* cette boutique, crée un axe qui atteint le n° 54, rue Pierre Charron où se trouvait le Cabaret Gerny's où débuta Édith Piaf.
La ligne reliant la boutique *L'Hymne à l'Amour* et l'adresse où fut écrite la chanson, traverse la Clef de la Création : la Fontaine de Varsovie du Trocadéro.
La droite reliant le Zénith (Clef du summum, apogée, paroxysme, sommet), à la Clef de la Création (extrémité de la Fontaine de Varsovie), passe exactement sur la boutique *L'Hymne à l'Amour* !
Avant de mourir, Edith Piaf demanda à être inhumée au cimetière du Père-Lachaise, près du quartier qui l'a vue naître.
Son épitaphe reprend le dernier couplet de *l'Hymne à l'Amour* : « Dieu réunit ceux qui s'aiment... ».
Mais nous ne sommes pas encore au bout de nos surprises !
En effet, il existe à Paris, deux enseignes qui arborent l'autre chanson célèbre de la grande Piaf : *La Vie en Rose*.
L'une Conseils en Communication, se trouve au n° 9, rue Bachelet (18è), l'autre, une épicerie est au n° 161, rue de la Convention (15è).
Traçons une ligne joignant ces 2 adresses... Résultat : elle passe sur la boutique *L'Hymne à l'Amour* !
Nous laisserons de côté le fleuriste *La Vie en Rose*, au n° 3 Rue du Capitaine Ferber, car il se trouve en toute logique sur la Place Édith Piaf et bénéficie de tous les alignements liés à cette place.
Ce dernier cas est particulièrement intéressant car il prouve que le code continue à se construire, se modifier à l'insu de tous.
Car, il est bien évident que la créatrice de la boutique *L'Hymne à l'Amour*, tout comme ceux de *La Vie en Rose* ne sont en rien dans le choix de l'emplacement de leur commerce ; seule la providence a agît pour que toutes les corrélations en rapport avec Piaf soient possibles ... et c'est admirable, mais terriblement troublant !

La Providence... parlons-en !

Savez-vous sur quelle rue tombe l'axe formé par le Grand-Oeil (Observatoire de Paris) qui regarde l'endroit exact où fut découvert le talent de Piaf (angle rue Troyon, Avenue Mac

Mahon) ? Sur la rue de la Providence ! Cette ligne passe en plus, juste devant le cabaret où elle débuta ! (54, rue Pierre Charron) !

La Môme

La Môme est un film sorti en 2007, qui retrace la vie d'Édith Piaf. Il a été renommé *La Vie en rose* dans les pays anglophones et au Québec…
A Paris, il existe un restaurant *La Môme* qui se trouve au n°16, rue Stephenson (18è). L'œil de l'Aigle qui regarde *La Vie en Rose* au n° 9, rue Bachelet (18è), crée une ligne qui traverse le restaurant *La Môme!* Ce restaurant est spécialiste du couscous. Logique, car la "môme Piaf" avait une origine algérienne… Kabyle !
Aussi le code (comme si ça ne suffisait pas), nous en rajoute une couche en faisant passer cette ligne devant la rue de Kabylie...

Georges **ULMER** (1919-1989) chanteur et comédien français né au Danemark est connu pour être l'auteur compositeur de l'une des chansons les plus célèbres de Paris : Pigalle.
En 2006 a été inaugurée dans le quartier de Pigalle (18ème arr.), la Promenade Georges Ulmer ; terre-plein situé entre les n°17 et 39 Boulevard de Clichy.
Georges Ulmer, le plus français des danois, est décédé à Marseille. Ce détail est spécifié dans le Code.
En effet l'axe formé par la clef de la Mort (entrée du Père Lachaise) et la Promenade Georges Ulmer, passe avec précision sur l'extrémité de la rue de Marseille ! Cet axe passe en plus sur la Place Pigalle…
Georges Ulmer est inhumé à Copenhague (Danemark).
L'extrémité Ouest de la Grande Croix du Christ alignée sur la Promenade Georges Ulmer, crée un axe qui traverse la rue de Copen-hague. On remarquera, en outre, que l'axe de la rue de Copenhague est dirigé sur cette promenade.

Marcel **MOULOUDJI** (1922-1994) fut un chanteur-compositeur et acteur français, d'origine algérienne (kabyle). Il est né et mort à Paris.

Le *Square Marcel Mouloudji* (1922-1994) est placé de telle sorte qu'aligné sur l'Olympia (clef de la notoriété pour les chanteurs), l'axe qu'il engendre atteint la Tour Eiffel !
Il faut dire qu'il interpréta avec succès l'une des immortelles chansons parisiennes : *La complainte de la Butte.*
C'est au 28, rue Boissy d'Anglas que se trouvait le mythique cabaret parisien *Le Bœuf sur le toit* (1922). Ce nom est attaché au nom de Mouloudji qui débuta ici sa carrière (comme Léo Ferré, Trenet etc.).
En effet, si nous traçons une droite partant du *Square Marcel Mouloudji* et passant par cette ancienne adresse, elle atteint la clef symbole de Conception, d'entrée dans la vie (artistique dans ce cas) ; j'ai nommé le bout du Bassin-phallus du Trocadéro.
Mouloudji est surtout connu pour avoir chanté en 1954 *le Déserteur*, manifeste antimilitariste de Boris Vian.
D'ailleurs, le *Parisis Code* en a tenu compte en plaçant le Square Marcel Mouloudji dans l'alignement Est très précis du Passage Boris Vian, à 1,7 kilomètres !
De 1936 à 1962, en temps que comédien il tourna de nombreux films à raison de 1 à 2 films par an. Le Code nous le démontre à sa façon. L'axe Cours du 7ème Art - pupille de l'œil de l'Aigle atteint allègrement le *Square Marcel Mouloudji !*

Frédéric **ROSSIF** (1922-1999) fut producteur et réalisateur de films animaliers.
Ces émissions très populaires sur la vie des animaux firent les beaux jours de la Télévision Française.
Un hommage adapté à sa spécificité sous forme d'alignement lui est consacré dans le code.
Le Square Frédéric Rossif (12ème arr.) aligné sur la Maison de Radio France donne une ligne qui traverse la ménagerie du Jardin des Plantes.

L'acteur et humoriste français **FERNAND RAYNAUD** (1926-1973) a sa rue dans le 20ème arrondissement de Paris. Celle-ci est dans l'alignement-Est, très précis du Théâtre des Variétés, mais aussi de l'Opéra-Comique et *accessoirement* des marches de l'Opéra Garnier. Il faut savoir que Fernand Raynaud connut le plus grand succès de sa carrière au Théâtre des Variétés

précisément où en 1960 et pendant 18 mois, il triompha avec son spectacle *Fernand Raynaud chaud.*
L'humoriste se tua à 47 ans le 28 septembre 1973 au volant de sa Rolls-Royce en percutant le cimetière de Cheix/Morge. A cet endroit précis du mur, une stèle en pierre de Volvic est apposée en sa mémoire. Le 27 septembre fut donc le dernier jour de sa vie ; ce jour-là est fêtée la Saint-Vincent-de-Paul. Coïncidence ou non ; si nous relions la rue Fernand Raynaud à la rue Saint-Vincent de Paul (10ème arr.), cette droite atteint la Place Saint-Pierre (qui accueille les défunts dès leur arrivée) et le centre exact du cimetière de Montmartre, symbole, bien évidemment de… Mort !

Jacques Romain Georges Brel dit Jacques **BREL** (1929-1978) est né à Schaerbeek, l'une des 19 communes de Bruxelles.
Il repose au cime-tière d'Atuona sur l'île d'Hivo Oa dans l'Archipel des Iles Marquises, à côté de Paul Gauguin dont il s'était rapproché.
Ce grand chanteur Belge, n'a pas de rue à Paris ; par contre il existe à Bobigny, région parisienne (au Nord-Est), une *Salle des fêtes Jacques Brel* dont l'implantation a été prévue dans le Parisis Code.
En effet, si nous créons un axe partant de cette salle des fêtes et passant par la boucle de l'Ankh, il atteint le Temple de la Chanson : l'Olympia.
Brel fit ses adieux à l'Olympia en octobre 1966.
En 1953, c'est dans le cabaret parisien *Les 3 Baudets* que Brel débuta. Il y connut la consécration en 1956 avec sa chanson *Quand on n'a que l'amour*. L'un des plus grands succès de Jacques Brel fut sa chanson *Bruxelles*. Le Code ne l'a pas oublié non plus !
Si nous traçons une ligne depuis la *Salle des fêtes Jacques Brel* passant par la rue de Bruxelles et le n° 3, rue Coustou (18e), adresse des 3 Baudets, celle-ci atteint presque naturellement… l'Arc de Triomphe de l'Etoile. La ligne passe même sur le chœur du Sacré Cœur ! Sûrement en hommage à sa chanson *Quand on n'a que l'amour…*
C'est le 16 mai 1967, à Roubaix, que Jacques Brel donna son dernier tour de chant. Ce détail existe également dans le Code.

L'axe Place de Roubaix - Salle des fêtes Jacques Brel atteint le centre de l'Ankh !
Le 16 mai est la Saint-Honoré ; cette ligne croise la rue Saint Honoré au niveau du Musée des Lunettes et des Lorgnettes, comme pour nous dire : regardez bien cette ligne !
Du 4 au 12 octobre 2008, à l'occasion du 30ème anniversaire de sa disparition, correspondant au Centenaire de l'Industrie aérospatiale française, le deuxième avion de Jacques Brel, un *Wassmer Super 421*, fut exposé exceptionnellement sur un îlot polynésien reconstitué sur le Rond-Point des Champs-Élysées.
Posé sur un lit de sable, cet avion fait de bois et de toile, avait pour but de symboliser l'incroyable énergie du chanteur, toujours en quête de dépassement et de liberté. Passionné d'aviation, l'artiste était propriétaire de 3 petits avions.
Le 11 décembre 1968 eu lieu au Théâtre des Champs-Élysées (15 avenue Montaigne), la première de la pièce de théâtre *l'Homme de la Mancha* dans laquelle Brel jouait le rôle de Don Quichotte.
Ce spectacle sera un triomphe pour Brel et le spectacle sera demandé dans toute l'Europe.
La droite joignant la Salle des fêtes Jacques Brel au Théâtre des Champs-Élysées, traverse la Clef de la Célébrité, du succès : le Rond-Point des Champs-Élysées.

BARBARA

Monique-Andrée Serf, dite **BARBARA** (Barbara Brodi à ses débuts), chanteuse, auteur-compositeur-interprète française est née à Paris le 9 juin 1930 au n° 6 rue Brochant, près du Square des Batignolles, et morte à l'âge de 67 ans à l'Hôpital Américain de Neuilly-sur-Seine, le 24 novembre 1997.

.

Prémonition ? Toute sa vie elle déclara *détester le mois de novembre…* Sa tombe est au cimetière de Bagneux (sud de Paris). Une Allée Barbara fut inaugurée le 27 janvier 2008 dans le Square des Batignolles.

Sa mort est inscrite dans le Parisis Code ! L'œil de l'Aigle des Buttes-Chaumont qui regarde l'Hôpital Américain de Neuilly, crée une ligne qui traverse l'Allée Barbara ! Plus précis encore, l'axe reliant la rétine de l'œil au 6, rue Brochant (sa naissance) rejoint l'entrée principale de cet hôpital !

Cette ligne traverse en plein milieu la rue de Meaux. Pourquoi? En fait, c'est à l'Hôpital de Meaux que Barbara fut transportée par les pompiers, le jour de sa mort, à 3 h du matin.

Le même jour elle fut transférée par le SAMU à l'Hôpital Américain de Neuilly, où elle devait décéder à 16h10.

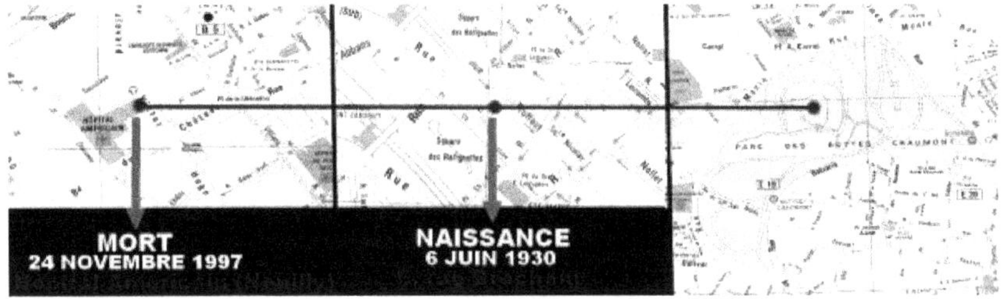

Barbara débuta au cabaret l'"Écluse, n°15, Quai des Grands Augustins, de 1959 à 1964. La salle de 3,5m sur 2 pouvait contenir jusqu'à 70 personnes…
Barbara eut de nombreuses adresses à Paris : tout d'abord l'adresse familiale au n°50, rue de Vitruve où elle demeura de 1946 à octobre 1961 ; une plaque commémorative est apposée à cet endroit.
Puis rue de la Huchette, rue des Pyrénées, rue de Seine, rue Guénégaud, rue du Théâtre, Quai de Béthune et rue Jonquoy...
Elle vécut jusqu'en 1968 dans un immeuble au n°14, rue Rémusat (16ème arr.) près du Pont Mirabeau, où vécu également la comédienne Arletty de 1966 à 1992. Barbara écrivit d'ailleurs en 1971, une chanson appelée *Rémusat.*
En reliant son adresse de naissance (6, rue Brochant) à son domicile du n°14, rue Rémusat, on obtient une ligne qui touche la clef de la Communication et traverse la Clef de la mise au monde ainsi que le Square des Batignolles où se trouve l'Allée Barbara !
Autrement formulé, en créant un axe symbolique évoquant sa naissance (Clef de la mise au monde et adresse de naissance) on tombe sur sa dernière adresse dans Paris !
Il est amusant de constater qu'en 1960, lorsque Barbara chantait Quai des Grands Augustins, sa future adresse, 35 ans plus tard était déjà inscrite dans le Code !
En effet son adresse d'alors (50, rue de Vitruve), alignée sur le Quai des Grands Augustins menait sur la rue Rémusat !
« Nantes », écrite de 1959 à 1963, fut une de ses plus grandes chansons. Ce fait est inscrit dans le Code ! En effet, en reliant l'Allée Barbara à l'extrémité de la rue de Nantes, on obtient un axe qui atteint l'entrée du Zénith, la clef des superlatifs du Code mais aussi l'endroit où, avant la construction du Zénith, se

trouvait le chapiteau bleu à bandes jaunes de l'Hippodrome de Pantin où elle connut en 1981 son plus grand triomphe !
Très étrange : la chanson *Nantes* écrite en 4 ans, débutée le lendemain de la mort de l'enterrement de son père, en 1959 à Nantes, ne fut terminée que quelques heures avant son passage au Théâtre des Capucines le 5 novembre 1963.
Que se passe-t-il si nous relions la rue de Nantes au Théâtre des Capucines ? Nous créons un axe qui atteint là rue Rémusat !
Le premier album de Barbara fut couronné par l'Académie Charles-Cros dans la catégorie *Meilleure interprète*.
La droite reliant son lieu de naissance à la rue Charles-Cros, touche l'œil de l'Aigle des Buttes Chaumont !
C'est en novembre et décembre 1993, sur la scène parisienne du Théâtre du Châtelet que Barbara fit sa dernière apparition en public, à Paris.
La droite reliant l'Allée Barbara au Châtelet passe sur le centre de la boucle de l'Ankh, la Croix de Vie, l'Opéra Garnier, là où le 22 décembre 1982 lui fut remis par le ministre de la culture, Jack Lang, le Grand Prix National de la Chanson pour sa contribution à la culture française.

La petite cantate, une chanson magique

Liliane Benelli, amie de Barbara qui au début des années 60 était pianiste à L'Ecluse mourut en 1965 dans un accident de voiture. Barbara écrira pour elle *La petite cantate* qui deviendra un de ses plus gros succès.
Le 30 septembre 1965 elle enregistra cette chanson au studio Blanqui. Une seule prise sera nécessaire ! Pourtant Barbara vient juste d'achever l'écriture de cette chanson…
Le 30 septembre est le jour de la Saint-Jérôme. Le Grand Œil (Observatoire de Paris) qui regarde la rue Saint-Jérôme crée une ligne qui passe exactement sur le Centre musical Fleury Goutte d'Or - Barbara (n°1, rue de Fleury), mais aussi sur le n°15, Quai des Grands-Augustins, emplacement où se trouvait le Cabaret de l'Ecluse.
De cette façon, le Parisis Code veut nous préciser que cette date précise concerne bien l'amie de ses débuts, à l'Ecluse. Nous allons maintenant pousser encore plus loin l'étrangeté du Code.

A Paris, la seule rue qui contienne entièrement le nom de famille de l'amie de Barbara, **Benelli**, à qui *La petite cantate* était dédiée, est la rue de **Ben**ouv**ille** (16ème arr.). Que se passe t-il si nous relions cette rue à la rue Cantate (19ème arr.) ?
Non, nous ne rêvons pas ; elle traverse bien le Centre musical Barbara de la rue de Fleury ! Lors de la dernière représentation de Barbara à Pantin, le 21 novembre 1981, *La petite cantate* fut chantée spontanément par 3000 personnes !
Aussi incroyable que cela puisse paraître, cette chanson est gravée dans le Code : la ligne joignant la rue Cantate à l'Arc de Triomphe passe avec une précision chirurgicale sur le Centre musical Barbara (rue de Fleury).
Cet axe se dirige sur Pantin où Barbara donna sa dernière représentation sous le chapiteau bleu à bandes jaunes de l'hippodrome de Pantin (emplacement actuel du Zénith de Paris).

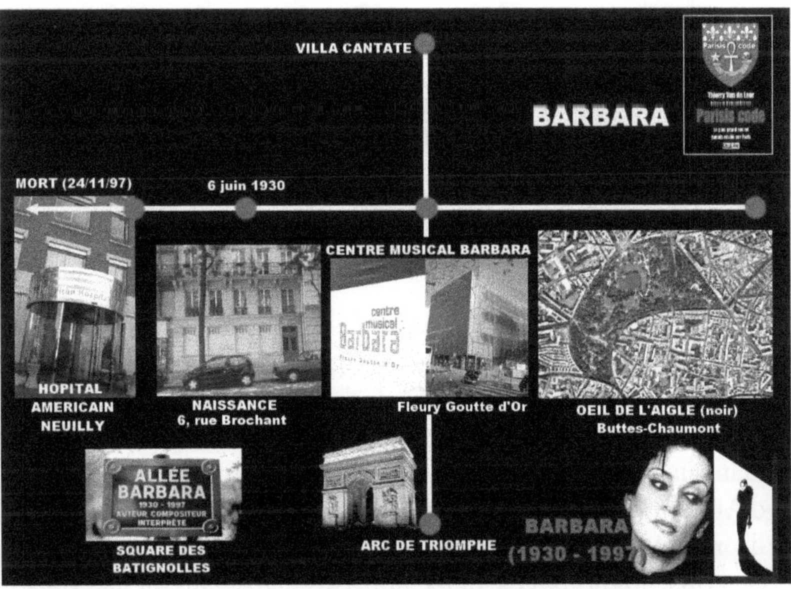

La célèbre chanteuse d'origine italo-égyptienne **DALIDA** (1933-1987) miss Egypte 1954, est enterrée au cimetière de Montmartre. Une place de Montmartre porte son nom.
Avec ces deux paramètres, le Parisis Code lui a consacré une ligne de choix réservée aux grandes vedettes de la chanson, à l'image d'Edith Piaf.
La ligne Place Dalida (18ème arr.) - tombeau de Dalida atteint en effet la place de l'Etoile, plus précisément le centre de l'Arc de

Triomphe.
Il faut savoir que le tombeau de Dalida a la particularité de représenter la chanteuse en statue de marbre blanc entourée de rayons solaires.
Plus extraordinaire encore, cette ligne passe sur le 9, Avenue Hoche (8ème arr.) qui n'est autre que l'adresse du studio où elle enregistra ses premiers disques : les Studios Barclay !

EDDY BARCLAY fut un facteur important dans sa carrière...
L'axe formé par l'Ambassade d'Egypte (114, rue la Boétie) et la Place Dalida traverse la Clef de la Conception (Fontaine de Varsovie) pour nous confirmer son origine égyptienne.
Dans la dernière période de sa vie, Dalida habita au n°7, rue d'Ankara (16ème arr.) et enfin à partir de 1962, au n°11 bis, rue d'Orchampt (18ème arr.) à Montmartre.
Si nous alignons ces deux adresses, l'axe atteint la Maison de Radio-France, Clef de la Communication, et le siège de la station de radio "Europe n°1", au n°26, rue François 1er.

Tombeau de Dalida

Eddy Barclay

Ces deux adresses sont malheureusement des symboles de mort. En effet, c'est au n°7, rue d'Ankara que l'ex-mari de Dalida, Lucien Morisse se suicida d'une balle dans la tempe, et c'est rue d'Orchampt qu'elle mit fin à ses jours, par overdose de médicaments antidépressifs, le 3 mai 1987.

Lucien Morisse (1929-1970), directeur des programmes à Europe n°1, avait véritablement lancé la carrière de Dalida et contribué à sa célébrité.

En reliant la Clef de la Communication à l'endroit où il est mort, on crée un axe qui coupe le siège d'Europe n° 1.

Le 16 février 1967, Dalida avait fait une 1ère tentative de suicide à l'Hôtel Prince de Galles en ingurgitant 75 pilules de médicaments. Elle ne sortit du coma que 5 jours plus tard à l'Hôpital Fernand Widal (200, rue du Faubourg Saint-Denis).

Ce fut pour elle une nouvelle naissance...

Ce point important est précisé par le code. La droite partant de la pointe du bec de l'Aigle et traversant cet Hôpital, nous mène malheureusement tout droit sur l'adresse de son ultime suicide, le n° 11 bis, rue d'Orchampt !

Le 16 février est la Sainte Julienne, date codée dans Paris grâce à la rue de Julienne (13ème arr.). En reliant cette rue à la Place Dalida, la ligne passe sur le "cimetière" des Grands Hommes, le Panthéon, une autre clef de la Mort...

Dalida fut une des chanteuses les plus populaires de France. Elle fut la première chanteuse à avoir un "fan club". Même aujourd'hui, ce fan club est un des plus actifs de France, avec celui de Johnny Halliday.
C'est le frère de Dalida, Orlando, qui gère aujourd'hui le patrimoine artistique de cette star inoubliable.
Le siège d'Orlando Production se trouve au n°10, rue Damrémont (18ème arr.), à moins de 120 mètres de la tombe de Dalida.
Pour trouver cette adresse avec précision, grâce au Parisis Code, il suffit de tracer un axe rue de la Madone - Place Dalida. Pourquoi Madone ? *Madona* est le premier disque 45 tours de Dalida. Il date de 1956 (disque Barclay).
C'est au cabaret *Villa d'Est* que Dalida, alors sacrée Miss Egypte a commencé à chanter à Paris.
Dans le Parisis Code, le message est clair : en reliant la Place Dalida et la Villa d'Est (rue du 20ème arr.), la ligne traverse l'entrée principale de l'Hôtel de Ville de Paris, représentant symboliquement "l'entrée dans Paris..."
A noter que du 11 mai au 8 septembre 2007, à l'occasion des 20 ans de sa mort, une grande exposition eut lieu à l'Hôtel de Ville de Paris, dans la Salle Saint-Jean...
Lors de son arrivée à Paris, Dalida habita au n° 49, rue de Ponthieu (sous les toits), puis au n°34, rue Jean Mermoz.
Ces 2 rues se croisent ; on pourrait les nommer les *lignes du destin.*
En effet, l'axe formé par cette intersection et l'ultime adresse où elle mit fin à ses jours (rue d'Orchampt), passe par le Rond-point des Champs-Elysées, la clef de la Célébrité et par la Tour Eiffel !
Cette ligne traverse aussi le n°26 bis, rue François 1er, qui n'est autre que l'adresse d'Europe n°1, la radio qui a justement été à l'origine de la popularité de Dalida.
Une ligne qui, vous l'admettrez, résume bien sa carrière, comme si son parcours dans Paris était déjà prévu d'avance.
Un sentiment que l'on retrouve tout au long de ce livre...
Après le succès de Bambino, Dalida habita Avenue Paul Doumer, à deux pas de chez Brigitte Bardot. En "choisissant" cette adresse, elle se retrouvait sur un alignement symbolique en rapport avec l'Olympia (Boulevard des Capucines).

La droite œil de l'Aigle - Avenue Paul Doumer passe sur ce lieu emblématique de la chanson où la chanteuse Dalida fut véritablement révélée en 1957, lors d'une audition...
Toute la vie de Dalida est liée à l'Olympia ; elle y a fêté son retour après sa tentative de suicide, en 1967, et son dernier récital à Paris a eu lieu dans cette salle mythique, en 1980.
C'est le 8 juin 1967 qu'elle devint une icône de la chanson, dans l'émission de Guy Lux : le Palmarès de la Chanson.
Dalida se suicida le 3 mai 1987. A-t-elle choisi ce jour en fonction du Code ? En effet le 3 mai est la Saint-Philippe.
Il y a une rue portant ce nom dans Paris, et grâce à elle nous obtenons deux alignements étrangement parlants : l'axe joignant la Place Dalida à la rue Saint-Philippe (2ème arr.) coupe vers le Sud, l'Impasse du Caire et la rue du Caire, évoquant la ville d'Egypte où elle est née... Cet axe passe sur la rue Sainte-Cécile, patronne des chanteuses !
On obtient le même résultat si l'on fait débuter cette droite sur le tombeau de la chanteuse au cimetière de Montmartre.
Dalida est née au Caire, en Egypte, le 17 janvier 1933, jour de la saint-Sulpice. Cette naissance est subtilement datée dans Paris, grâce à l'élément fort du Code, qui évoque à la fois l'importance, la naissance et la re-naissance, et surtout le Caire : j'ai nommé la Pyramide du Louvre !

En effet la droite joignant l'église Saint-Sulpice et la Place Dalida passe précisément sur la pyramide de verre.

Le Grand Œil (Observatoire de Paris), qui regarde la Place Dalida crée une ligne qui traverse la rue Saint -Sulpice ! La Place Dalida est dans l'alignement Nord du n°1, rue Saint-Sulpice.
Etrangement, cette dernière ligne fonctionne également en remplaçant la Place Dalida par le n°11 bis, rue d'Orchampt où elle est morte !
Cette droite coupe le Quai François Mitterrand... Certains proches de la chanteuse lui prêtent une liaison amoureuse avec le Président... Ne peut-on pas deviner sur sa tombe, derrière sa statue, une représentation de la Grande Arche de la Défense, œuvre de... Mitterrand ?

EDDIE BARCLAY (1921-2005) surnommé *l'empereur du micro-sillon*, fut l'un des plus importants éditeurs et producteurs de musique français entre 1950 et 1980.
C'est lui qui ramena le disque 45 tours en vinyle, des USA.
Il est mort à Boulogne-Billancourt.
Les funérailles de ce roi du disque furent célébrées en l'Eglise Saint-Sulpice, à Paris, une église qui se trouve par hasard sur la ligne joignant l'adresse des ex-Studios Barclay (9, Avenue Hoche) à la rue du... disque !
Au n° 9 avenue Hoche, Eddie Barclay avait installé son studio, où sont nés de nombreux albums, désormais mythiques... Jacques Brel y acheva sa carrière discographique.
C'est Barclay qui, avec Lucien Morisse a lancé la chanteuse Dalida, (née le jour de la Saint-Sulpice...).

Le siège du journal satirique parisien *Hara Kiri*, le journal bête et méchant se trouvait au n°4 de la rue Choron.
Son directeur Georges Barnier (1929-2005) prit le pseudonyme de **PROFESSEUR CHORON**, s’appropriant ainsi le nom de cette rue. En agissant ainsi, il ne savait pas que cette rue contenait indirectement le jour de sa mort.
En effet, la rue Choron baptisée en 1895 du nom du musicologue et compositeur Alexandre-Etienne Choron, se trouve à l’emplacement de l’ex-Cour Saint-Guillaume.

Or, le Professeur Choron est mort le 10 janvier 2005, jour de la Saint -Guillaume ! Il est né le 21 septembre, date de la Saint-Matthieu. Là encore, on constatera que la droite rue Saint-Matthieu - rue Choron est dirigée sur le centre de l'Ankh (Clef du Destin)... Le « hasard » fait bien les choses, il suffit de creuser un peu !

Philippe **ERLANGER** (1903-1987) est un haut fonctionnaire, journaliste et historien à qui l'on doit l'idée du Festival de Cannes en 1939. Il fut le directeur de l'Association française d'action artistique.

Parallèlement, il est nommé en fut chef du service des Echanges artistiques au Ministère des Affaires étrangères, s'attachant à faire rayonner l'art français à l'étranger et l'art étranger en France.

Dans le code, on admirera la droite symbolique qui le concerne et qui joint l'Avenue Erlanger à la boucle de l'Ankh en traversant la clef de la Communication, la Tour Eiffel, le Petit Palais et le 14, Boulevard des Capucines, adresse mythique de la naissance du Cinéma.

LES CIRQUES

Un alignement redoutable part du centre des Arènes de Lutèce, lieu de distraction romain où l'on sacrifiait volontiers de nombreuses vies, la Place de la Concorde, où s'est élevée la guillotine, la rue du Cirque évoquant les jeux sanglants romains, et enfin la rue du Colisée, du nom des arènes de Rome, de triste réputation.

La rue du Colisée doit son nom à une sorte de parc d'attraction qui se trouvait à proximité, entre le Rond-point des Champs-Elysées, l'Avenue Matignon et la rue Jean Mermoz.
Il était décoré de fausses ruines inspirées des monuments romains ; il possédait même un amphithéâtre de 40 000 places copié sur celui de Rome.
Ce parc qui se dégrada rapidement ne fonctionna que de 1771 à 1780. Sa création est malgré tout inscrite dans le Code : la droite joignant la clef de la création (le bout du Bassin-phallus) à l'endroit occupé jadis par ce Colisée, crée un axe qui traverse la Cour de Rome.
Dans cette rue du Colisée se trouve un célèbre cinéma : le Colisée qui donna son nom à de nombreuses autres salles dans toute la France.
Ce détail est important puisque le début de la rue du Colisée est dans l'alignement Est du n°14 Boulevard des Capucines qui a hébergé la première séance (payante) de cinéma de l'Humanité.
Un autre genre de cirque plus sympathique est célébré dans le Code : le cirque d'Hiver Bouglione, ancien *Cirque Napoléon* situé rue Ame-lot (11ème arr.).
En effet, il y a d'abord ce petit clin d'œil sur le cirque romain de Paris, son sanglant ancêtre, qui nous est apporté par la ligne de 6,5 kms joignant *l'Ecole Nationale du Cirque Annie Fratellini*, rue de la Clôture (19ème arr.) aux Arènes de Lutèce ; elle passe en effet en plein milieu du *Cirque d'Hiver Bouglione*.
Un alignement que nous pourrions baptiser le *Triomphe de la Mort*, montrent parfaitement que les trapézistes et les dompteurs jouent chaque jour avec la mort…
Cette ligne part de l'entrée principale du cimetière du Père Lachaise (symbole de mort) et se termine sur l'Arc de Triomphe de l'Etoile (étoiles du cirque ?).
Sur cet axe de 7 kms nous trouvons : le cirque d'Hiver Bouglione, la rue du Cirque (8ème arr.) et la rue du Colisée.

Un hommage à Louis **DEJEAN**, premier directeur du cirque d'Hiver, est rendu par un alignement partant de l'Ecole Nationale du Cirque **FRATELLINI** passant par la rue Dejean (18ème arr.) ; cette droite atteint l'Arc de Triomphe !

Le célèbre clown Achille **ZAVATTA** (1915-1993) repose au columbarium du Père Lachaise. Par ce point géographique dans Paris il est honoré par la ligne Arc de Triomphe - rue du Cirque.

CIRQUE FERNANDO ET MEDRANO

Le célèbre cirque Fernando fut bâti sur un terrain vague situé au 63, Boulevard Rochechouart, à l'angle de la rue des Martyrs. Inauguré le 29 juin 1875, son succès fut immédiat, de nombreuses personnalités s'y précipitèrent.

La Clef de la Création alignée sur la rue du Cirque crée un axe qui traverse la Clef de la Célébrité (en plein milieu) et l'endroit même où le cirque Fernando était installé.
Lorsque le cirque Fernando connaît des difficultés en 1897, Géronimo Médrano (clown nommé Boum-Boum) en reprend l'exploitation, lui donne son nom et en devient le directeur.
Le cirque Médrano fut une source d'inspiration pour nombres d'artistes (Degas, Toulouse-Lautrec, Seurat, Signac) en partie grâce à sa proximité de Montmartre.
Suzanne Valadon y fut écuyère jusqu'à un accident qui interrompit sa carrière.
A ce sujet, on remarquera que l'axe formé par la Place Suzanne Valadon et le centre de la boucle de l'Ankh (Clef du Destin) nous entraine exactement sur l'emplacement du cirque Fernando au n°63, Boulevard Rochechouart ! La ligne Clef de la

Communication - Place Suzanne Valadon croise la rue du Cirque !
Médrano fut le cirque des clowns les plus célèbres : Grock, Footit et Chocolat, Porto, Pipo, Rhum, le trio Fratellini, Achille Zavatta. Ce cirque, le plus beau de Paris, fut détruit en 1973.
Il fut remplacé par un immeuble qui, ironie du sort s'appelle "Le Bouglione", du nom des derniers propriétaires du terrain... En 1978, Jean Richard prit la direction du Cirque Médrano.
La droite Impasse Richard - Cirque Médrano passe sur le centre de l'Ankh !
Le cirque Médrano est à l'heure actuelle un des quatre plus grands cirques français itinérants avec un chapiteau de 12000 places.
Le café "Au rendez-vous des artistes", situé au n°1 boulevard de Clichy, juste en face de l'ancien emplacement de Médrano, rappelle la présence du cirque. Là encore nous sommes confrontés à la magie du Parisis Code.
En effet, si nous traçons une droite de 6,2 kilomètres reliant ce café à la rue des Artistes située au sud de la capitale, nous constatons qu'elle traverse exactement le Pont des Arts (quoi de plus logique ?). Y'a pas de lézard... Quelle précision !

Elue *Emission de radio du siècle*, les **GROSSES TETES** animées par Philippe **BOUVARD** depuis le 1er avril 1977, ne pouvait restée ignorée du Parisis Code.
Enregistrée au Grand Studio d'R.T.L, au n° 22 rue Bayard (8ème arr.), cette émission quotidienne est diffusée de 16 à 18 heures.
La droite Impasse Bouvart (5ème arr.) - Arc de Triomphe, atteint l'entrée de la rue Bayard.

André Raimbourg dit **BOURVIL** (1917-1970) Figure du patrimoine cinématographique et musical français, n'a pas encore de voie dans Paris, mais il existe au n°13, rue des Boulets (11ème arr.) un Théâtre *Le Bourvil* qui perpétue sa mémoire.
A Paris, il débuta sa carrière en 1942 au Cabaret *chez Carrère* au n°45, rue Pierre Charron (8ème arr.), sous le pseudonyme de *Bourvil*.

L'axe formé par le Théâtre Bourvil et le Cabaret *chez Carrère* traverse le Palais de la Découverte et rejoint le centre de la Grande Croix du Christ.

Le **PALACE,** au n°8, Faubourg de Montmartre, ouvert en 1912, tout d'abord music-hall et cinéma, n'a cessé d'être un lieu célèbre de Paris.
De 1978 à 1983, il fut un club parisien très en vogue dans la culture underground. Il fut choisi par le ministère de la Culture pour son Festival d'Automne.
Aujourd'hui, après 10 années de sommeil, le *Palace* est redevenu un théâtre de 970 places.
La pointe du bec de l'Aigle aligné sur le *Palace*, crée un axe qui atteint la clef de la Célébrité, la Place des Fêtes, le Conservatoire et la boucle de l'Ankh. Un ensemble de paramètres propice aux succès qu'à connu cet endroit.

Une rue consacrée à **BRUNO COQUATRIX**, le légendaire directeur et propriétaire de l'Olympia de 1954 à 1979, a été inaugurée le 30 novembre 2010 par le maire de Paris. La rue Bruno Coquatrix commence au 13, rue Edouard VII et finie au 18, rue de Caumartin.
Cette rue répond aux « normes » du Parisis Code. Par cette action, Bruno Coquatrix bénéficie d'un alignement symbolique qui le relie à jamais à la salle mythique de l'Olympia, le Temple de la chanson et Clef de la chanson du Code.

Le Grand Œil qui regarde la rue Bruno Coquatrix, crée une ligne qui traverse l'Olympia !
Bruno Coquatrix fut aussi maire de Cabourg (Calvados) de 1971 à sa mort. Il n'existe aucune rue de ce nom à Paris. Par contre, au n°5, rue du Mont Dore (17ème arr.), nous trouvons un Hôtel de Cabourg.

Il n'en faut pas plus au Parisis Code pour nous concocter un alignement nous révélant les deux dernières activités de Bruno Coquatrix.
En effet la ligne virtuelle joignant l'Olympia à l'Hôtel de Cabourg passe effectivement devant la rue Bruno Coquatrix !
Après avoir acheté et dirigé Bobino, au 20, rue de la Gaîté, à Montparnasse, Bruno Coquatrix prend, en 1952, la direction de la salle de l'Olympia, considérée comme le plus grand music-hall d'Europe. Coquatrix revendra Bobino en 1960…
L'axe Bobino - Olympia nous mène sur… la rue Bruno Coquatrix.
12 avril 1893 : inauguration du music-hall l'Olympia, par la Goulue, célèbre artiste de Montmartre.
1898 : l'écrivain Colette y fait du mime entièrement nue !
1911-1914 : la salle est transformée en temple de la revue. C'est la période la plus luxueuse du lieu.
1952 : Bruno Coquatrix, devient gérant et directeur de l'Olympia, qui accueille sa première affiche de music-hall le 5 février 1954, ouvrant ainsi une des grandes pages du spectacle vivant français.

Le tout premier spectacle présente en vedette Lucienne Delyle et en première partie, un inconnu, Gilbert Bécaud,
1er avril 1979 : décès de Bruno Coquatrix.
Le nom *Olympia - Bruno-Coquatrix* devient une marque déposée.
14 avril 1997 : gala de clôture de la salle historique avec des dizaines d'artistes.
13 novembre 1997 : gala de réouverture de la nouvelle salle, avec Gilbert Bécaud.

ECOLE DE SAMBA

L'Ecole de Samba Meu Brasil se trouve au n° 13 rue Guyton de Morveau (13e).
L'œil de l'Aigle qui regarde la Maison du Brésil situé dans la Cité Internationale Universitaire (7, Boulevard Jourdan - 14e) passe exactement sur cette école de Samba !
La ligne de 5 kilomètres reliant l'Hôtel du Brésil (10, rue le Goff - 5e) à la Place du Brésil, passe sur la Place de Rio de Janeiro !
La ligne de 7,9 kilomètres reliant la Place du Brésil à la Maison du Brésil passe exactement sur le Consulat Général du Brésil (65, Avenue Franklin Delano Roosevelt).

Le Restaurant brésilien Boteco do Brasil (n°18 passage Vendôme -3e) se trouve sur l'axe Consulat du Brésil - Arc de Triomphe ! Boteco veut dire bodega...
Un Carioca est un habitant de Rio de Janeiro... Le restaurant Carioca (gastronomie brésilienne) se trouve au n°124, rue de Turenne (3e).
Son Chef a œuvré aux fourneaux auprès de l'ambassade du Brésil à Paris.
La ligne reliant ce restaurant à la Place de Rio de Janeiro, traverse le centre de la boucle de l'Ankh, la clef révélatrice !

AÏDA - LA CALLAS

Cherchant des informations sur internet, je tombe par hasard sur un nom : l'hôtel Aïda. Cet hôtel se trouve à Paris, au n°11, rue Richer. Ce nom m'était familier, mais par acquis de conscience, je vérifie: Aïda est un célèbre Opéra (pharaonique) en 4 actes de Guiseppe Verdi, créé au Caire en1871, d'après une intrigue d'Auguste Mariette.
Je recherche donc une rue Verdi dans Paris. Elle est très petite; à peine 53 mètres de long... Vieux réflexe : je cherche s'il existe un rapport entre l'hôtel Aïda et la rue Verdi.

L'œil de l'Aigle des Buttes-Chaumont qui regarde cette petite rue Verdi crée une ligne de 8,35 kilomètres... que je trace donc sur la carte... Bingo ! Cette ligne passe exactement sur l'Hôtel Aïda au n°11, rue Richer !

Mais en plus, cerise sur le gâteau... elle passe sur l'entrée de l'Opéra Garnier, mais aussi... sur la Place du Trocadéro, la Clef Fœtus du Code; celle qui désigne le "géniteur" de cet Opéra célébrissime !
La ligne touche également l'extrémité de l'Allée Maria Callas qui fut l'une des plus prestigieuses interprètes d'Aïda.
La ligne entrée du Panthéon - Hôtel Aïda passe sur le Square... Auguste Mariette.
Aïda fut jouée exceptionnellement dans la Cour des Invalides, sous les yeux de Napoléon en septembre 2012.
Un restaurant asiatique Aïda se trouve au n°1, rue Pierre Leroux. La ligne reliant ce restaurant à l'Arc de Triomphe, passe sur la Cour des Invalides.

LE DESTIN CODE DE JOHNNY HALLYDAY

Le 11 décembre 2017, un million de fans étaient dans les rues de Paris pour un dernier hommage populaire et une cérémonie à l'église de La Madeleine. Qui fut le gamin de Paris, qui mérita un tel honneur ?

Pourquoi ce chanteur dont la principale qualité fut d'avoir un style qui plut à de nombreux français, possède-t-il tant de lignes encodées dans la Capitale racontant en détail sa Vie ?

Aucun savant, aucun intellectuel, aucun grand médecin, aucun chercheur ayant sauvé des millions de vies ne bénéficie d'un tel honneur. C'est un des mystères de ce Code.

Quand le rock a déferlé sur la France à la fin des années 50, il était écrit que ce gamin qui traînait dans le quartier de la Trinité avait été programmé pour le recevoir, et qu'il en deviendrait, à l'image d'Elvis son modèle américain, une légende vivante.

Au fond de lui Johnny était américain, une nationalité imaginaire plus riche que tous les passeports. Toute sa vie il ne fera que brandir cette nostalgie devant son public.

Le secret de la mythologie Hallyday ? Il renaissait sans cesse, multipliant morts et résurrections professionnelles, depuis l'époque du Golf Drouot jusqu'au concert gratuit du 14 juillet 2009, où il réussit l'exploit de réunir plus de 700000 personnes au pied de la Tour Eiffel, afin de remercier le public français pour sa fidélité et son succès dans la chanson depuis 40 ans.

Ce ne sera que le jour de ses funérailles qu'il renouvellera ce tour de force… Pour l'éternité, ce nostalgique de l'Amérique, repose aux Antilles, entre la France et les U.S.A...

Johnny Hallyday, malgré un départ dans la vie plutôt chaotique, a connu un destin exceptionnel.

Il est d'ailleurs amusant de savoir que ce destin, lorsqu'il était enfant, avait pris l'apparence d'un chat noir abyssin nommé Mektoub. En arabe, le prénom Mektoub signifie "c'est écrit", c'est une référence au destin.

Juste après la guerre entre 1945 et 1949, Johnny avait réussi à emmener Mektoub en Angleterre où sa famille a vécu quatre années. Le chat est mort à Londres en 1949...

Johnny adorait les animaux. Outre les chiens, et son fameux Lucas, il posséda une louve et ses louveteaux, un bébé tigre offert par Laeticia pour ses 56 ans, et même un aigle royal.

Les paramètres de Johnny Hallyday dans le Code Club Johnny Hallyday

"Ne vous découragez pas, c'est souvent la dernière clef du trousseau qui ouvre la porte" *Paulo Coelho, romancier brésilien.*

Comme d'habitude après une actualité marquante (décès, catastrophe, attentat ou autre événement extraordinaire) je me plonge dans le Parisis Code pour vérifier si l'information se trouve gravée dans les rues de Paris.
Après la mort de Johnny ; personnalité marquante s'il en est, je fus très étonné de ne trouver aucun alignement le concernant.
Il faut dire qu'en général, tant qu'un personnage n'a pas son nom inscrit dans une rue ou un monument de la capitale, il est très compliqué de tracer des lignes symboliques.
Mais 7 semaines plus tard, au cours de mes recherches, en tapant le nom Johnny Hallyday sur internet je suis tombé sur une information capitale.
C'est alors que le Parisis Code a commencé à révéler ses alignements le 25 janvier 2018, soit 50 jours après la mort du chanteur.
Ceci a été possible grâce à la découverte d'une adresse précise concernant en propre Johnny Hallyday, créée en 2008 soit 9 ans avant la mort du chanteur.
Il s'agit d'une mystérieuse association dont le président est inconnu et qui visiblement ne cherche pas d'adhérents.
Cette **Association Club Johnny Hallyday** (numéro Siren: 302999578, numéro Siret: 30299957800016) est domiciliée au n°10, rue de Caumartin, une rue qui débouche sur le Boulevard des Capucines, et toute proche de l'Olympia, le Temple de la Chanson. Johnny est passé des centaines de fois devant cette adresse, car elle se trouve à quelques mètres de l'entrée des artistes de l'Olympia (n°18).
Au rez-de-chaussée de cette adresse se trouve le Crédit Mutuel des professions de santé.

Cette association se trouve aussi sur une ligne très symbolique reliant le grand lustre de l'Opéra Garnier (symbolisant la "Grande Lumière", Dieu, le Destin...) à l'entrée de l'église de La Madeleine, où eurent lieu les funérailles de Johnny.

Ce paramètre capital permet d'obtenir une foule d'informations sur le chanteur de sa naissance à sa mort, comme découvrir grâce aux alignements ainsi générés : l'adresse où il est mort, le nom de la clinique où il est né, où il vivait, son terrain de jeu préféré, où il a débuté, où il est représenté physiquement etc...

La date de création de cette Association Club Johnny Hallyday, n'est pas anodine, car en 2008, Johnny devenait propriétaire dans l'île où il devait connaître le repos éternel.

Etrangement, à moins de 50 mètres du Club J.H et à la même hauteur mais dans une rue parallèle (au n°18, rue Godot de Mauroy) nous trouvons la **Société Adinair** dont le gérant depuis 2005 n'est ni plus ni moins que le père de Laeticia et grand ami de Johnny : André Boudou (condamné à 2 ans de prison, en 2007, pour fraudes fiscales, abus de biens sociaux et comptes falsifiés...). Plus étrange encore, à cette adresse se trouve aussi l'**Association Club Amis Johnny Hallyday.** Qui en est l'administrateur ? André Boudou?

Bizarrement, le **Club J.Hallyday** (et sa statue de cire au Musée Grévin), se trouvent sur la ligne reliant la **Société Adinair** (et l'**Association Club Amis Johnny Hallyday)** à la Sarl **Boudou** (n° 13, rue du Fbg de Montmartre) qui évoque le nom de jeune fille de sa quatrième et dernière épouse Laeticia.

*La mystérieuse **ACJH** (Association Club Johnny Hallyday), créée en 2008 au n°10 rue de Caumartin, à 50 mètres de l'Olympia... 2008 est l'année où la santé de Johnny se dégrada considérablement...*

Un paramètre nous montre bien la fascination que les U.S.A exerçaient sur Johnny : la ligne reliant la pointe du bec de l'Aigle des Buttes-Chaumont à la Place des Etats-Unis, passe sur son effigie au Musée Grévin, et sur l'**ACJH**...

Tombés amoureux de l'île de Saint-Barthélémy en 2006, un Paradis sur terre, mais aussi un Paradis fiscal, Johnny et son épouse avaient fait construire en 2008 une villa baptisée "Jade" en l'honneur de leur fille aînée, d'origine vietnamienne...

En bâtissant cette villa sur cette île, Johnny ignorait-il que cette terre hébergerait sa dépouille mortelle pour l'éternité ?

Très étrange aussi cette adresse de l'ACJH !

En effet cette adresse exacte est le titre d'un morceau de jazz de **Lionel Hampton** (1908-2002), un vibraphoniste, pianiste et batteur de jazz américain (surnommé "Hamp" ou "Le Lion"), qui passa plusieurs fois à l'Olympia entre 1954 et 1966...Ce fut un géant du Jazz. Pourquoi a-t-il voulu donner cette adresse "**10, rue Caumartin**" à l'un de ses titres en 1961 ? Mystère !

D'autant plus que cette adresse qui deviendra en 2008 le paramètre le plus parlant du Destin de Johnny inscrit dans Paris, correspond à ses débuts explosifs à l'Olympia, le 21 septembre 1961.

Son premier grand concert débuta à 23h30 sous une hystérie collective, que Philippe Bouvard décrira ainsi :

"*Tantôt menaçant la salle du doigt, tantôt se tenant le ventre, tortillant du bassin et roulant des hanches, il se servait du micro comme d'une lance d'arrosage.*

L'hystérie de la salle gagna l'orchestre. À moins que ce ne fût le contraire. Je ne sais plus. À perte de vue, les gens trépignaient, battaient des mains et tiraient de leur poitrine toutes sortes de gloussements bizarres de contentement qu'aucun musicien d'avant-garde n'a encore osé inscrire sur une partition".
A noter : c'est au n° 8, rue de Caumartin, que Stendhal écrivit la "Chartreuse de Parme"... Cette œuvre majeure, qui lui valut la célébrité. Cette adresse exacte se trouve sur la ligne de 7,7 km reliant la rue Stendhal à... l'Arc de Triomphe !

La Sarl 2017

Une autre adresse s'est mise en place à Paris le 2 août 2017, la veille du 13ème anniversaire de Jade sur l'île de Saint-Barthélemy, entourée de ses parents et de sa sœur.
Ce dernier paramètre créé 120 jours avant sa mort est la **Sarl 2017** dont le siège se trouve à Paris (19e), au n°14, rue de Thionville. Il s'agit d'une société de Relations publiques et Communication.
Ce dernier paramètres a apporté une haute précision aux alignements et permet d'affirmer et prouver que la mort du chanteur, le lieu de ses funérailles, l'île et la commune où il est inhumé étaient effectivement programmés dans le Code plus de 4 mois auparavant.
C'est la grande force du Parisis Code, qui en fait un redoutable prophète immatériel.
Pour illustrer ce pouvoir de décodage de ce paramètre, il suffit de tracer une ligne reliant la Sarl 2017 au chœur de La Madeleine (funérailles de Johnny en 2017).
Elle traverse le Club Johnny et... la Sarl **Décode** (n°42, rue de l'Aqueduc).

La Sarl Mamour

Une autre clef capitale concernant Johnny Hallyday, est la Sarl **Mamour**. "Mamour" est le surnom affectueux que Laeticia, sa femme, lui a attribué dans l'intimité.
En 2008, Johnny confiait qu'il détestait ce petit surnom qu'elle lui donnait. Bizarrement, il l'a tout de même inspiré, puisqu'il l'a donné à l'une de ses sociétés, la Sarl **Mamour**, située au n°3,

impasse de la Planchette à Paris, créée en décembre 2010, soit 7 ans avant sa mort.
C'est cette société, au cœur du business du rockeur, qui a acheté La Savannah, la villa des Hallyday, à Marnes-La-Coquette.
Elle a été créée pour encaisser l'argent de la tournée "Jamais seul" de 2012.
Elle est gérée par Elyette Boudou (83 ans !), surnommée "Mamie Rock" par Johnny, la grand-mère paternelle de Laeticia, représentante légale de toutes les sociétés françaises du clan Hallyday, à savoir "Pimiento Music" Sas (n°18, Place Dauphine), Sarl "Artistes et Promotions", et Sli "SLJ" (n°3, Impasse des Planchettes).
Ces sociétés n'ont ni plaques ni boîtes aux lettres !
"Mamie Rock" était au chevet du chanteur lors de son dernier soupir.
La question est désormais de savoir pourquoi Johnny et Laeticia Hallyday ont procédé à un tel montage juridique avec une femme âgée sans connaissances requises pour gérer de telles sociétés.

La rencontre de Johnny et Laeticia

Pour illustrer le pouvoir incroyable du Code de Paris (le Parisis Code), d'encrypter le Destin de certains personnages, j'aimerais évoquer la rencontre de Johnny et Laeticia. Une des dates les plus importantes de leur vie.
C'est aux **Etats-Unis**, le lendemain de l'anniversaire de celle qui devait devenir sa quatrième et dernière épouse, soit le **19 mars 1995**, jour de la **Saint-Joseph**, que Johnny Hallyday (**Mamour** pour son épouse), rencontra pour la première fois Laeticia Boudou (18 mars 1975 - 20..). Elle a 20 ans et lui 52.
Cette date est clairement inscrite sous forme de ligne dans Paris.
La ligne de 4,5 kilomètres reliant la Sarl **Mamour** (n°3, Impasse des Planchettes) à la Place des **Etats-Unis**, passe sur la rue **Saint-Joseph** et sur la Sarl "**Alliance 1995**" (n°26, rue Georges Bizet).
Si l'on prolonge cet axe vers l'Est, on tombe sur la Place **Maurice Chevalier** (Johnny est mort officiellement rue **Maurice Chevalier** à Marnes-la-Coquette). Cet axe passe sur le Passage des Soupirs…

La Sarl Alliance 1995 a été créée en septembre 2011, c'est donc à partir de cette date que cet alignement fut crypté dans Paris.
Rappelons que c'est rue Georges Bizet, à la Clinique Bizet que Johnny fut admis en fin de vie. Il préféra être rapatrié dans sa maison de Marnes-la-Coquette…
La famille Boudou et son lien avec Johnny est nettement gravée dans Paris.
La Pointe Bec de l'Aigle est une clef révélatrice (comme l'œil de l'Aigle ou le Grand Œil (Observatoire de Paris), qui crée des lignes et apporte des précisions supplémentaires.
Ainsi d'Est en Ouest, partant de cette pointe (matérialisée par l'intersection Avenue Bolivar - rue Pradier) sont alignés avec précision les paramètres particulièrement évocateurs suivants :
La Pointe du Bec de l'Aigle des Buttes-Chaumont - la Sarl **La Destinée** (n°3, Passage des Petites Ecuries), la Sarl **Boudou** (n° 13, rue du Fbg de Montmartre) - la Statue de cire de Johnny **Hallyday** (au Musée Grévin depuis 54 ans) - la Sarl **La Gloire** (n°34, Boulevard des Italiens) - l'emplacement de l'ex-**Golf Drouot** (n°1, rue Drouot) - la Boucle de l'Ankh (Clef du **Destin**) l'Association Club Johnny .**Hallyday** (n°10, rue de Caumartin) - la Société Adinair, d'André **Boudou** (n°18, rue Godot de Mauroy) - La place de La Madeleine (Funérailles de Johnny) - le bureau du Président de la République à l'Elysée (ils furent mariés par Sarkozy, et Macron fut le premier informé de son décès) - la Clef de la **Célébrité** (Rond-Point des Champs-Elysées) la Sarl "**Alliance 1995**" (n°26, rue Georges Bizet) - la Place des **Etats-Unis**.

Naissance de Jean-Philippe (Johnny)

Le **15 juin 1943** (jour de la Sainte-Germaine), à 13 h, à la maternité de la Clinique Villa Marie-Louise (n°3, Cité Malesherbes) qu'Huguette Clerc, qui n'est pas encore mariée, accouche du petit Jean-Philippe (3,5 kg).
Il est Gémeaux, ascendant Vierge !
Le jour de sa naissance, il porte encore le patronyme de sa mère : il s'appelle Jean-Philippe Clerc !
Ses parents vont se marier le 7 septembre 1944, et il prendra ce jour-là le nom de son père : Smet. Son père, **Léon** Smet était un belge originaire de Bruxelles… Bref, c'était Léon de Bruxelles…

La ligne reliant la pointe du bec de l'Aigle des Buttes-Chaumont à l'ACJH (Club J.Hallyday), passe sur l'effigie de Johnny au Musée Grévin, et sur le restaurant... Léon de Bruxelles (n°30, Boulevard des Italiens) !
Johnny entre officiellement dans la famille des chrétiens catholiques le 10 septembre 1944, lors de son baptême à l'église de la Trinité.
Ses parents se sont mariés trois jours plus tôt et son père, Léon Smet, a enfin signé la reconnaissance de paternité : son livret de baptême annonce donc Jean-Philippe Smet !
C'est au n°23, rue Clauzel (9ème arr.), que Léon Smet et Huguette Clerc, les parents du futur Johnny Hallyday avaient emménagé au cours de l'année 1943. Huguette est enceinte et manque de peu d'accoucher à cette adresse.
Finalement son fils Jean-Philippe, naîtra le 15 juin de cette même année dans une clinique toute proche.
Derrière sa porte bleue typiquement parisienne, la maternité Marie Louise, à présent transformée en appartements, a également vu naître la chanteuse Françoise Hardy ou le peintre Bernard Buffet.
Le Code savait que dans cette maternité, naîtrait quelqu'un de très populaire. L'œil de l'Aigle qui regarde le Café Populaire (n°20, rue Torricelli) crée une ligne qui passe sur l'entrée de cet établissement.
Dans le Code, le prénom Léon génère plusieurs alignements qui suggèrent la naissance de "Johnny".
La ligne reliant le Square **Léon** à la Clef de la **Création** (le père), extrémité de la Fontaine de Varsovie du Trocadéro traverse la Villa Marie-Louise (naissance de Johnny), la rue de la Tour des Dames (adresse d'enfance de Johnny) et le Rond-Point des Champs-Elysées (clef de la Célébrité).
Dans le Code de Paris, il existe bien une Clef "Spermatozoïde".
Il s'agit du Square des Batignolles. Cette Clef n'est réellement visible que sur une carte de Paris, ou vu du ciel, en hiver.
Un petit ruisseau alimenté par le réseau d'eau de la Seine, surgit d'une cascade rocailleuse et court à travers les rochers en dessinant la queue du spermatozoïde : la flagelle.
Il finit sa course dans un bassin de 900 m2, aux formes arrondies, formant la tête du spermatozoïde. L'ensemble mesure plus de 120 mètres de longueur.

Rappelons que le spermatozoïde humain est la cellule reproductrice de l'Homme.
Lors de la fécondation, il s'unit à un ovule pour former une cellule-oeuf, qui se développera ensuite en embryon, puis en fœtus, et donnera naissance à un nouvel être humain.

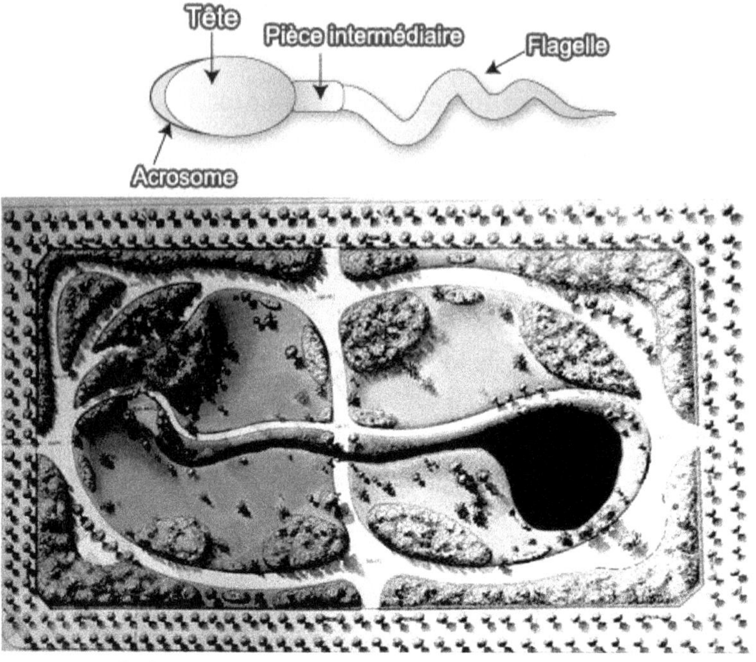

Le Square des Batignolles et son spermatozoïde géant...

Mais revenons au géniteur de Johnny, Léon Smet.
La ligne reliant la rue Léon à la Clef "Spermatozoïde" (Square des Batignolles), génère, c'est le cas de le dire, une ligne sur laquelle nous découvrons deux sociétés évoquant l'année de naissance de Johnny (**1943**) et l'année de sa mort (**2017**).
Il s'agit de la Sarl BA **1943** (n°37, rue Poulet), et la Société **2017** (n°14, rue de Thionville).
La ligne reliant la rue **Léon** (évoquant son père) à la Sci **Destin** (n°4, rue du Général Camou) traverse la Sarl BA **1943** (n°37, rue Poulet) évoquant son année de naissance, la Sci **Miami** (n°33, rue Poulet) évoquant la ville des USA où il rencontra sa dernière épouse, la Cité Malesbuttherbes (adresse de la maternité où il est né Johnny), la rue de la Tour des Dames (sur l'adresse exacte où il habita dans sa jeunesse), et sur l'entrée de l'église de la Trinité (où il fut baptisé).

L'alignement ci-dessous nous montre précisément la date de naissance de Johnny Hallyday (Jean-Philippe Smet), sachant qu'il est né à la Maternité Villa Marie-Louise un 15 juin, jour de la Sainte Germaine.
Un triomphe annoncé, si l'on en croit cette ligne :
- La ligne de 6,2 km joignant la Sarl Le Triomphe (n°61, rue des Martyrs), à l'Œuvre Sainte-Germaine (n°56, rue Desnouettes), passe sur la Banque de Johnny (Banque De Baecque Beau, au n°3, rue des Mathurins, la Maternité "Villa Marie-Louise" (n°3, cité Malesherbes), sur le Club J. Hallyday, sur le domicile d'enfance de son ami Jacques Dutronc (69 rue de Provence), sur la rue Clauzel, première adresse de Johnny, en 1943 et enfin sur la rue Cler.
Sur cet axe au sud, on ne s'étonnera pas de trouver les locaux de BFMTV (n°12, rue d'Oradour-sur-Glane). Cette chaîne relaya tous les jours les sombres histoires d'héritage des familles Hallyday et Boudou…
Pourquoi la ligne passe-t-elle sur la rue Cler ?
Le Code qui utilise parfois la "langue des oiseaux", nous montre que jusqu'à ce qu'il soit reconnu par son père, son premier nom fut "Clerc" le nom de jeune fille de sa mère… CQFD !
Les premiers mois de sa vie, Jean-Philippe Clerc (Smet) qui devait plus tard se faire connaître sous le nom de Johnny Hallyday, vivra pendant six mois à cette adresse, rue Clauzel, avant d'être abandonné par son père Léon Smet…
Aussitôt il fut confié à sa tante Hélène Mar qui habitait le n°13, rue de la Tour-des-Dames, (quartier Blanche-Trinité) dans un deux pièces donnant sur cour…
Johnny vivra ici plusieurs années en compagnie de ses cousines.
Le Code nous montre que Johnny vivait rue Clauzel en 1943.
La ligne reliant la Sarl BA **1943** (n°37, rue Poulet) à l'Association Club Johnny **Hallyday** (n°10, rue de Caumartin), passe sur cette rue !

Hélène Mar, la tante de Johnny

La ligne reliant la Clinique **Villa Marie-Louise** (sa naissance) à la Sarl **Savannah** Company (n°4, Square Henry Pate) représentant le nom de la maison où il est décédé à Marnes-la-Coquette), passe sur les deux rues où il passa son enfance), la rue **Clauzel**, la rue de la **Tour des Dames**, l'église de la **Sainte-Trinité** où il fut baptisé en septembre 1944), le **Square de la Trinité** et la **Tour Eiffel** (hommage : "merci Johnny" du 8 au 11 décembre).

Deux alignements nous proposent un résumé de la vie de Johnny… Il a vécu ses premiers jours dans la rue de la Tour des Dames, a forgé son caractère dans le Square de la Trinité (Estienne d'Orves) et pour finir repose pour l'éternité sur l'île de Saint-Barth, à 7000 km de Paris.

La ligne reliant la rue Barthélémy à la rue de la Tour des Dames passe sur le Club J. Hallyday et le Square Estienne d'Orves.

Il est né à la Maternité "Villa Marie-Louise" (n°3, Cité Malesherbes) et est décédé à Marnes-la-Coquette (surnommée le "Village des milliardaires").

La ligne reliant la Villa Marie-Louise à la célèbre Discothèque "Le Milliardaire" (n°8, Boulevard de la Madeleine) passe sur la rue Clauzel (où Johnny a passé les premiers mois de sa vie) puis sur l'incontournable Club J. Hallyday (10, rue de Caumartin).

Quand il était petit, depuis ses 3 ans, Johnny n'est jamais allé à l'école, et il n'a jamais eu d'amis, car il a dû suivre sur les routes d'Europe, sa tante et son oncle Lee Halliday.

Ainsi il eut l'occasion de vivre en Angleterre, Espagne, Italie, Danemark, Allemagne, et même à Genève pendant 2 ans.

Ce n'est qu'à 8 ans qu'il rentra à Paris…
Du coup, il n'eut pas l'occasion de s'attacher matériellement aux choses… Mais plus tard ce sera le contraire, Johnny devenu très riche ne fera qu'amasser avec indécence les biens matériels (villas, voitures, motos etc…)

Square de La Trinité (d'Estienne d'Orves)
Les années 50

Le petit Jean-Philippe Smet, baptisé à 1 an, en l'église de la Sainte-Trinité à Paris, est resté marqué par l'éducation chrétienne de sa tante Hélène Mar (mariée à Jacob, un prince éthiopien…).
Les dernières années de son existence, même s'il aimait toujours exhiber des têtes de mort ou des symboles de Satan, devenues des emblèmes de la musique rock et gothique, Johnny Hallyday arborait autour du cou une croix assez imposante avec un personnage crucifié portant une guitare électrique…
La croix est gravée des initiales JH (Johnny Hallyday ou Jimmy Hendrix ?), à l'emplacement de l'inscription " IN RI" de la croix du Christ.
Le nom de l'orfèvre qui a réalisé cette croix est resté top secret. A présent, c'est Laeticia qui la porte…
Lors du baptême à l'église de la Trinité, le parrain du futur Johnny fut **Alain Trutat** (1922-2006), un réalisateur et homme de radio qui occupa de multiples fonctions dans le domaine de la radio française et fut le cofondateur de France Culture.
C'est ici, à l'ombre de l'église de La Trinité que le futur Johnny Hallyday se réfugiait lorsqu'il faisait l'école buissonnière avec ses copains.
C'était pour eux le lieu de tous les possibles ; un lieu de joie.
Un rendez-vous de toute une génération qui a bousculé la variété française, où tout a commencé…
Les Bras en croix est une chanson de Johnny Hallyday, sortie en 1963. Écrite par Jil et Jan et composée par Johnny …
C'est là que Johnny a rencontré Jacques Dutronc qui habitait au n°69, rue de Provence et Eddy Mitchell qui habitait au n°9, Boulevard d'Algérie.
Ces jeunes canailles formeront 60 ans plus tard la bande des "Vieilles Canailles" avec laquelle Johnny fit les derniers concerts

de sa vie pendant l'été 2017. Le dernier se déroulera à Carcassonne le 5 juillet, 5 mois avant sa mort.
Les "Vieilles Canailles", c'est le rassemblement de trois "success story" qui prennent racine autour du bien nommé Square de la Trinité. Trois légendes de la chanson : Johnny Hallyday (Jean-Philippe Smet), Eddy Mitchell (Claude Moine), et Jacques Dutronc, bref, une... trinité. Encore une coïncidence... le bistrot "Les **Canailles**" s'est ouvert au n°25, rue La Bruyère.
Ce qui nous donne un alignement significatif.
La ligne reliant ce bistrot à la rue de la **Tour des Dames**, traverse le Square de la Trinité. Cet axe se dirige sur l'église de la Madeleine...

Johnny et sa Bonne Etoile

Quelques années avant la naissance de Johnny, en Belgique une gitane, avait prédit à sa tante qu'une "grande star" naîtrait dans sa famille... Etait-ce Johnny ?
A noter que le mot "star" employé par la gitane, pour dire "étoile" n'était pas courant à l'époque.
En tout cas, le chanteur est resté fidèle à une gitane, mais celle-ci "sans filtre" a fini par le tuer.
Il est d'ailleurs représenté avec elle au Musée Grévin, depuis plus de 50 ans. Johnny disait *« Je crois qu'il y a un Dieu, mais ce Dieu, je ne le connais pas. Par contre, je pense que j'ai une très bonne étoile ! - Cette étoile, c'est peut-être Dieu... »*
En 2013, il précisait sa conception de la spiritualité : "*Je pense qu'il y a quelqu'un, un être qui nous a créé...*".
Si ces dernières années, il avait lu le Parisis Code, il en aurait eu la preuve... sans toutefois se douter que son destin s'inscrirait avec autant de précisions, et d'une façon aussi spectaculaire dans sa ville natale.
Trois ans avant sa mort, il déclarait : *« Je crois en quelque chose, c'est-à-dire que je ne suis pas croyant, mais je crois – pour moi, c'est certain – qu'il y a sûrement un dieu qui me surveille.* (...) *Ça m'arrive de dire : "Merci mon Dieu", mais je crois plutôt en ma bonne étoile ».*
Croire en sa bonne étoile, c'est en fait penser que Dieu nous fait des cadeaux. Il nous avantage par rapport aux autres...
Depuis la nuit des temps, les phénomènes incompréhensibles étaient expliqués par l'astrologie.

Les étoiles étaient des guides et leur position (selon la croyance populaire) pouvait marquer le destin d'une personne.

Association La Bonne Etoile

L'**Association La Bonne Etoile** (n°88, rue de Rennes), qui vient en aide aux orphelins vietnamiens handicapés et malades du sida fut créée le 14/11/2011 par Laeticia Hallyday, "maman" des deux vietnamiennes Jade et Joy qu'elle a adopté en 2004 et 2008.
Etrange : la ligne reliant l'Association La Bonne Etoile (n°88, rue de Rennes) à l'ACJH (Association Club Johnny Hallyday) - n°10 rue de Caumartin, passe sur la Sarl La Bonne Etoile (n°231, rue de Saint-Honoré) créée en 2008.
Le Grand Œil qui regarde l'Ambassade du Vietnam (n°61, rue de Miromesnil) crée une ligne qui passe devant l'Association La Bonne Etoile en passant sur la bien nommée "rue de la Bienfaisance"...

Johnny et ses tatouages

Les **premiers** tatouages de Johnny Hallyday datent des années 90.
A la fin de sa vie, il était devenu un grand tatoué, et un modèle pour ses fans ou ses amis bikers, désireux d'afficher sous ce mode d'expression, leur passion pour lui et les "valeurs" qu'il représente. En 2015, il se fit tatouer son épouse Laeticia dans le plus simple appareil, dans une position équivoque...

Le tatouage satanique

C'est le **24 mai 2015** que Johnny se fit tatouer le nombre **666** sur son avant-bras droit par Rick Walters, une légende du tatouage, dans le salon "**Shamrock** Tatoo" de Mark **Mahoney**, sur Sunset Boulevard à Los Angeles.
Coïncidence ou retour de bâton du Destin ? Toujours est-il que soit **666** jours plus tard, le 20 mars 2017, Johnny annonçait officiellement se battre contre un cancer des poumons.
Dans les colonnes de Paris Match, Mark Mahoney, tatoueur des stars révèle qu'il a aussi tatoué Nicolas Sarkozy.

Pour certains, se tatouer le 666 sur son corps peut être considéré comme faire un pacte avec Lucifer.
Le tatouage "666" de Johnny (son avant dernier), a été exécuté juste au-dessus du tatouage de scorpion qui fut son tout premier tatouage. Il représente le signe zodiacal de sa fille Laura.
Le nombre 666 se trouve juste au-dessus du dard **mortel** de l'animal. Le scorpion demeure le signe-mystère du zodiaque.
On lui attribue deux formes : un scorpion, animal qui transporte le dard de la mort dans sa queue, et un aigle, l'oiseau qui peut s'élever le plus près du soleil.
La ligne reliant la Sarl **666** (n°103, Avenue d'Italie) à la société "**24 mai** Production" (n°114, Boulevard de Magenta) passe juste devant l'Impasse de la Planchette où est domiciliée la Sarl **Mamour** !
La ligne reliant la Sarl **666** au **Club Johnny Hallyday** passe sur la **Pyramide Inversée** (Carrousel du Louvre). Message ?

A Paris, la ligne reliant la Sarl **Shamrock** (n°1, Villa Boissière) au Café **Shamrock** (10, rue de Lappe), passe sur la Sarl **Satan** (12 rue du Prévôt).
La ligne reliant la Sarl **Shamrock** (1, Villa Boissière) à la Sarl **Mahoney** Training Consultant (n°35, rue d'Hauteville), passe sur le **Club Johnny Hallyday**.

Officiellement, ce nombre 666 représente pour Johnny, amoureux des grands espaces et de liberté, la "Route 666" qu'il a traversée en moto de l'Arizona jusqu'au Nouveau Mexique.

Tout un symbole pour les motards…
Elle a été rebaptisée "Route 491" en 2003 en raison de sa connotation sulfureuse avec le chiffre du Diable.
Mais si, pour Johnny c'était la véritable explication de son tatouage, pourquoi n'a-t-il pas fait écrire "Route 666" ou tout simplement la plaque indicative ? Et pourquoi retrouve-t-on ce nombre satanique sur un autre de ses tatouages ?

Mais pourquoi bon Dieu, l'œil de l'Aigle qui regarde la Sarl **Lucifer** (n°35, rue de la Pompe), crée-t-elle une ligne qui passe sur le **Club Johnny Hallyday** ?
Faire un signe, ou adhérer à un symbole sans savoir ce qu'il signifie, c'est comme faire une prière donnant son énergie (ou son consentement) à une entité et ou égrégore, renforçant ainsi son efficacité.
Et ceci marche également avec les paroles de chansons...
Peu importe que vous y croyez ou pas, les Ultra-élites de ce monde physique et leurs sbires le savent très bien et l'appliquent tous les jours.
Ainsi, entre autre, Johnny Hallyday a chanté "Veau D'or Vaudou".
Dans la Bible, le Veau d'or est un signe de rébellion contre Dieu.
Quand le peuple juif est sorti d'Egypte, lors de la marche dans le désert, Moïse a dû se retirer dans une montagne pour aller converser avec Dieu en face à face.
Pendant ce laps de temps, le peuple qui marchait avec Moïse, s'impatientant de son retour, s'est fabriqué un veau d'or qu'il a commencé à adorer en substitution à Dieu.
Ainsi, le **Veau d'or** est une idole qu'on adore à la place de Dieu.

Paroles de la chanson Veau D'or Vaudou :" Je suis le fils de Lucifer - Seigneur et maître de la Terre - Je sème la mauvaise parole - Quand vous pleurez, moi, je rigole - J'ai mis K.O. mon challenger - Le jeune hippie de Bethléem - Qui se battait avec des fleurs - Vous l'avez démoli vous-mêmes -Vous êtes mes humbles serviteurs -Soyez maudits en ma demeure ! Veau d'or, vaudou - Je suis la raison du plus fou etc….
En 1970, Johnny sortait la chanson "Jésus Christ est un hippie" ou celui-ci est décrit comme un SDF drogué.

Faut-il d'autres démonstrations de son engagement pour salir Jésus...
Johnny était une âme tourmentée, qui parlait souvent de ses problèmes d'addiction et ses peurs personnelles, qu'il nommait ses "Démons"...
Il était depuis toujours taraudé par la peur de la mort, de la maladie et surtout de la solitude, qu'il essayait de compenser avec ses amis par d'interminables virées nocturnes alcoolisées.
Grand fumeur de Gitanes, il confessait notamment avoir consommé de l'opium, du haschisch et de la cocaïne :
"*Il faut que j'aille mal pour savoir que je pourrais aller bien. J'ai besoin d'être au fond du trou pour remonter ?*".
La ligne reliant le Club J.Hallyday à la Sarl "Les Démons" (n°9, rue des Trois Bornes) passe effectivement sur la Sarl Mamour !
En 1954 à l'âge de 13 ans, Johnny Hallyday (Jean-Philippe Smet) apparaît comme figurant pour la première fois dans un film.
Il s'agit des "**Les Diaboliques**", d'Henry-Georges Clouzot.
La ligne reliant la Société "**Que le Diable m'emporte**" (n°32, rue du Moulinet) au Club Johnny Hallyday, passe sur la **statue de la Mort** (très suggestive) qui se trouve au sein de la Faculté de Médecine des Cordeliers (n°15, rue de l'Ecole de Médecine), et sur la **Pyramide inversée** (Tuileries).

La Médaille Miraculeuse

Le tout dernier tatouage de Johnny fut exécuté ou au moins finalisé (d'après le message Instagram envoyé par Johnny), le 4 octobre **2016**, jour de la Saint-François d'Assise (clin d'œil au Pape François?), soit 13 mois avant sa mort, et peut être motivé par la connaissance de la maladie mortelle qui commençait à le ronger.
Etrange : la ligne reliant l'église St-François d'Assise (n°9, rue de la Mouzaïa) au chœur de l'église de la Madeleine (Funérailles de Johnny) passe sur le Club Johnny Hallyday (n°10, rue de Caumartin).
Le motif de ce tatouage est macabre et surprenant: un couple de squelettes s'embrassant tendrement à l'abri d'un cœur géant.
L'un des squelettes est couronné de roses (la fleur des amoureux).

Un message à l'attention de Laeticia: on continuera de s'aimer au-delà de la mort… pour l'éternité ?
Mais cet ultime tatouage cache un petit mystère chrétien à peine visible mais très symbolique, destiné semble-t-il à demander une dernière faveur à la mère du Christ.

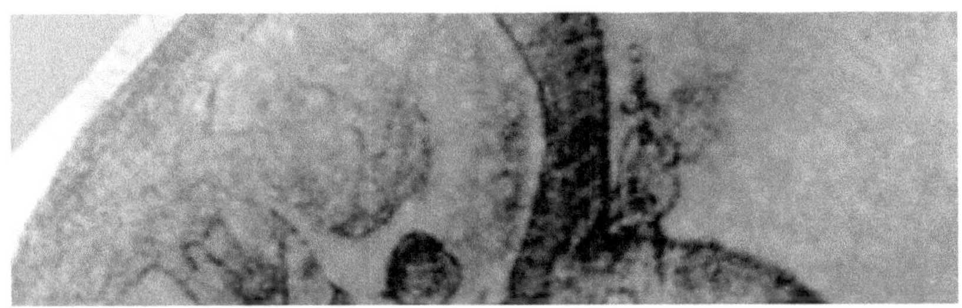

jhallyday My new tattoo # me and my love for eternity#

Ce détail minuscule (moins d'un centimètre) se situe juste au-dessus du cœur. Il s'agit ni plus ni moins que d'un des éléments de la Médaille Miraculeuse de la rue du Bac : un cœur flamboyant transpercé par un glaive.
Médaille Miraculeuse qu'Edith Piaf elle-même avait toujours sur elle, allant même jusqu'à la coudre dans les vêtements de son amant Michel Cerdan.
Cette médaille aurait été conçue et sa diffusion ordonnée par la Sainte-Vierge lors des apparitions mariales qui se sont produites à Paris en 1830, au n°140, de la rue du Bac à Paris.
En 1876, plus d'un milliard de ces médailles ont été frappées !
Le cœur percé d'un glaive est celui de Marie.
Il signifie l'amour du Christ qui habite Marie et son amour pour nous : pour notre Salut, elle accepte le sacrifice de son propre Fils.
Dans le tatouage de Johnny, on remarquera que ce cœur percé est inversé. Le glaive perce de gauche à droite.

Laeticia, l'épouse du chanteur étant très croyante, on peut imaginer que c'est elle qui a tenu à faire figurer ce petit détail porte bonheur sur le tatouage de son époux en danger de mort.
Sur la carte de Paris, on remarquera deux messages en rapport avec cette médaille.

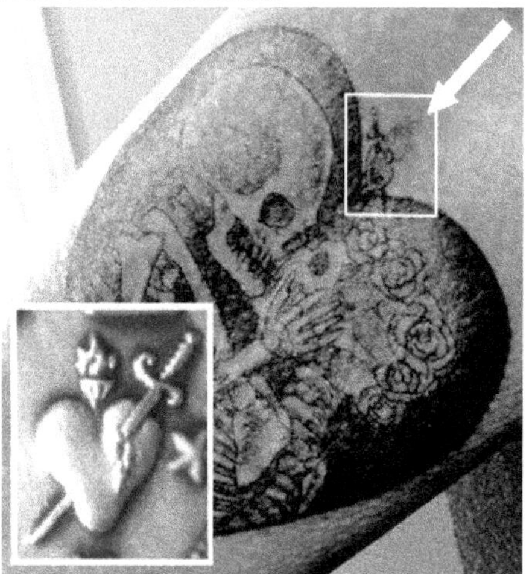

La Chapelle de la Médaille Miraculeuse (n°140, rue du Bac) se trouve sur la ligne reliant le Club Johnny Hallyday (n°10, rue de Caumartin) à la Tour Maine-Montparnasse, Clef de l'Intelligence et de l'Evolution.
La Sarl Mamour se trouve sur la ligne reliant La Chapelle de la Médaille Miraculeuse à la Cité de la Musique (n°221, Av. Jean-Jaurès). Mais ce n'est pas le seul secret que dissimule ce tatouage.
En effet, les bras des deux amants et leurs crânes cachent le nombre 43, qui est l'année de naissance de Johnny : 1943. A 43 ans, le 18 mars 2018, Laeticia était veuve…

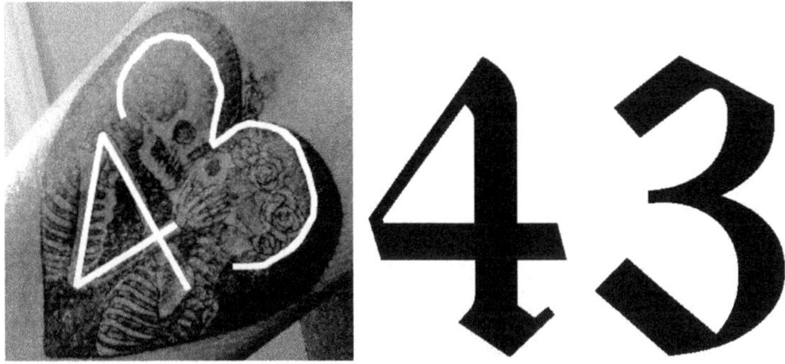

Un pacte avec le Diable ? Le pacte avec le Diable est un thème qui revient souvent dans l'univers du rock ou du gothisme. Par un pacte avec le Diable, une personne pourrait facilement obtenir le bonheur, ou ce qui peut le représenter à ses yeux, comme le succès dans le milieu du show business, la célébrité etc…Tout ce qu'en fait, Johnny Hallyday a obtenu…

Mais ce pacte camouflerait une aliénation désastreuse dont le signataire ne perçoit pas a priori l'importance : la propriété de son âme.

Ce pourrait être un peu comme un contrat de vente à terme limité par le décès, ou alors une exécution immédiate, la personne étant privée de son âme de son vivant.

Bien entendu, cette théorie est à prendre avec précaution puisqu'il n'existe aucune preuve concrète d'un tel pacte.

De plus, s'il existe, on ignore à quel moment ce contrat intervient et de quelle manière.

Dans le Vaudou, il existe un esprit dont le nom le plus connu est *Maître carrefour*. Esprit de la destinée, il a été identifié au Diable par les missionnaires catholiques…

Concernant certains personnages qui ont traversé l'Histoire avec une aura, une gloire, une puissance, une chance ou des succès insolents (Napoléon, Hitler, Elvis Presley etc…), on est tenté de penser que ce pacte existe vraiment, et ce n'est pas le Code de Paris (le Parisis Code) qui va nous contredire.

En tout cas, ce qui suit est très troublant…

Tommy Johnson, célèbre bluesman américain, qui selon la légende aurait vendu son âme au diable en échange de talents musicaux exceptionnels.

Cette rumeur est également attribuée à Robert Johnson, guitariste et chanteur de blues américain devenu une légende et une grande

source d'inspiration pour des artistes comme Jimi Hendrix, Jimmy Page, Bob Dylan, Brian Jones, Keith Richards ou encore Eric Clapton. En 2003, le magazine Rolling Stones l'a classé cinquième meilleur guitariste de tous les temps. *(source wikipédia)*
Alors Johnny Hallyday, avait-il signé un pacte avec Satan ?
Certains alignements le laisse penser…
A Paris, il existe bien une Société "**Le Pacte**" située au n°5, rue Darcet (7ème arr.). Il s'agit d'une société de production de films et émissions de télévision créée le 2 décembre 2007, exactement 10 ans avant la mort de Johnny.
Peu avant sa mort, Johnny avait validé dix chansons pour son dernier album qui devait sortir en 2018.
Celles-ci nous donnent des indices sur l'état d'esprit du chanteur au crépuscule de sa vie.
On retiendra notamment le titre "**J'en parlerai à Satan**" dont on citera ces paroles : *"J'en parlerai au diable, il saura m'écouter, m'asseoir à sa table, et dire la vérité".*
Jusqu'à la fin de sa vie, Johnny aura fait référence à Jésus, à Dieu, mais aussi à Satan…
Le Grand Œil (Observatoire de Paris) qui regarde cette société "**Le Pacte**", crée une ligne de 5,3 kilomètres qui passe sur l'Ass.Club **J.Hallyday** (10, rue Caumartin). Etrangement, si nous continuons la ligne vers le nord, elle rejoint la rue **Hélène**…
La Tante Hélène Mar aurait-elle signé un pacte avec le Diable pour Johnny ?
Elle voulait tant qu'il arrive au sommet, au point de brûler cierges sur cierges dans les églises…
La ligne reliant la rue **Hélène** à la **Porte d'Enfer** (exposé dans le parc du Musée Rodin - mur Est) passe sur Société "**Le Pacte**".
On pourrait presque penser que c'est une coïncidence, si d'autres lignes ne venaient pas confirmer ce doute.
En effet, la ligne de 7,2 km reliant la Société "**Trajectoire 666**" (n°36, rue Bayen) au magasin de musique "Music Fear **Satan**" (n°4, rue Richard Lenoir) disquaire spécialisé en musique rock metal, punk et hardcore passe sur l'Assoc.Club **J.Hallyday** (10, rue Caumartin). La ligne de 5,3 kilomètres (encore !), reliant la Société "**Le Pacte**" au magasin "Music Fear **Satan**", passe précisément sur la Sarl **Mamour** !
Music Fear Satan signifie : la musique craint Satan…

La Société "**Trajectoire 666**" (n°36, rue Bayen) a été radiée en 2017. Une autre a été créée fin 2014, au n°5, rue Descombes.
Concrétisons sous forme de ligne la phrase "**Le Pacte avec Satan**". Rien de plus simple !
La ligne de 4,1 km reliant la Sarl **Satan** (n°12, rue du Prévôt) à la Société "**Le Pacte**" (n°5, rue Darcet) passe exactement sur l'adresse d'enfance de Johnny : le n°3, **rue de la Tour des Dames**, et sur l'Hôtel "Secret de Paris", n°2, rue de Parme !
La Sarl **Satan** fut créée en 1980.
La ligne reliant l'Impasse **Satan** à la Société "**Le Pacte**", passe sur la **tombe de Jim Morrison** (dans le cimetière du Père Lachaise), sur l'Eglise du **Perpétuel Secours**, (où se trouve le prêtre **exorciste** de Paris), sur la rue **Dieu** et sur la **rue Clauzel**, où Johnny passa les premiers jours de sa vie.
Au cours de ces recherches, je suis tombé sur une société récente (2016) qui porte le nom très suggestif de "**Le Bonnet du Diable**"... Elle se trouve au n°23, rue Guillaume Tell.
Pourquoi l'œil de l'Aigle qui regarde cette société, crée-t-il une ligne qui passe sur la Société "**Le Pacte**" ?
Pour terminer, une dernière ligne très parlante qui tend à illustrer parfaitement le doute d'une mort prématurée d'ordre satanique lié au tatouage "666" de "Mamour":
La ligne reliant l'**Impasse Satan** à la Société "**Trajectoire 666**" (n°5, rue Descombes), passe sur l'entrée du cimetière du Père Lachaise (Clef de la **Mort**), et sur la Sarl **Mamour** !
Mais il est vrai que Satan a pour habitude de tout "singer" et qu'il est encore, à n'en pas douter, le maître de musique décrit par les Ecritures ! Singer = chanteur, en anglais...
Le 9 décembre 2017, lors de l'hommage national à Johnny, la dépouille du chanteur a descendu entièrement les Champs-Elysées depuis l'Arc de Triomphe.
Les Champs-Elysées, était le nom donné par les Grecs aux enfers, ne l'oublions surtout pas !

LES PREMIERES ANNEES

Le Golf-Drouot (1958)

Fermé en 1981, et remplacé par un restaurant Mac Donald's, le Golf-Drouot (n°2, rue Drouot), première discothèque rock de Paris, fait partie de la légende du rock'n'roll : de futurs grands artistes avaient l'habitude de s'y retrouver pour danser autour d'un jukebox Seeburg.
Dès 1958, c'est ici que Jean-Philippe Smet va quitter l'enfance et commencer à écrire l'histoire de Johnny Hallyday.
Il fréquente cet endroit avec ses copains, et futurs confrères, Jacques Dutronc et Eddy Mitchell. Pour un "nouveau franc", ils ont le droit d'entrer dans cet ancien golf couvert, de boire un Coca-Cola et de danser. Johnny s'inspire de ses idoles, et notamment d'Elvis Presley, pour reprendre et adapter en français le répertoire rock américain en s'accompagnant à la guitare.
Le Golf-Drouot surnommé "le Temple du Rock" a acquît sa célébrité avec son tremplin du vendredi soir.
De nombreux rockeurs ont foulé ses planches, des Who à David Bowie, en passant par Les Chaussettes Noires (Eddy Mitchell) ou Jacques Dutronc.
La ligne reliant la rue Sainte-Cécile (Patronne des musiciens) à la Place de la Madeleine (Nord) passe sur le Musée Grévin où l'on peut rendre visite à la "momie virtuelle" de Johnny, traverse l'emplacement où se trouvait le Golf Drouot (n°2, rue Drouot) l'ex temple du Rock des années 60 où il fit ses débuts.
La ligne passe sur l'entrée de l'Opéra et enfin sur le Club J. Hallyday.
C'est au Golf-Drouot que Johnny fera la connaissance de son premier amour, une starlette nommée **Patricia Viterbo** (1939-1966).
Cette jeune femme qui fut remplacée dans le cœur de Johnny par Sylvie Vartan, connaitra un destin tragique peu après sa séparation avec Johnny.
Le 10 novembre 1966, lors du tournage d'un film intitulé "Judoka Agent Secret", à Paris, les freins de sa voiture lâche.
Le véhicule plonge dans la Seine, et ne sachant pas nager, elle meurt noyée à l'âge de 27 ans.

En sa mémoire, Johnny écrira pour elle la chanson "Maudite Rivière".
A deux périodes différentes de sa vie, le chanteur Johnny Hallyday fréquente le n°108 rue Saint-Lazare (juste devant la gare).
Dans sa jeunesse, en 1958, on y trouve son bar préféré : le Snack-Spot Bar.
Il en fait son QG où il retrouve ses copains pour jouer au billard électronique et écouter des disques sur le juke-box.
Plus tard, devenu un hôtel de luxe (Hilton), il y tourne en 1984 dans un film de Jean-Luc Godard : "Détective".
Le film est sifflé au Festival de Cannes 85, et Godard reçoit une tarte à la crème dans la figure… Johnny, lui, voulait casser son image de chanteur…
Le **15 décembre 1959** fut un jour important pour Johnny.
Il assistait à l'Olympia au tout premier concert en France du célèbre rockeur américain **Gene Vincent** (1935-1971).
Pour l'adolescent qui ne connaissait le rock que par les disques que lui offrait son Oncle Lee Halliday, le "**Be Bop a Lula**" de Gene fut "La" révélation ; un véritable électro-choc.
Ce soir-là., Johnny devint rockeur pour la vie. Sa voie était toute tracée.
Gene Vincent fut l'incarnation du rock des années 50 et 60, il a influencé de grandes figures de la musique (Bowie, Lennon...).
En France, Les Chaussettes Noires ou Les Chats Sauvages contribuent à sa notoriété en adaptant ses morceaux en français.
Sa vie tumultueuse, s'acheva à 36 ans, usée par les excès de toutes sortes, un peu comme Johnny, qui vivra malgré tout, deux fois plus longtemps.

L'Alhambra (1960)

En septembre 1960, Johnny Hallyday fait ses véritables débuts lors d'une série de concerts en vedette américaine (première partie) de l'humoriste Raymond Devos, dans la mythique salle de l'Alhambra (ancienne salle), au n°50, rue de Malte.
Mais au début le public est divisé ; certains spectateurs n'apprécient pas le jeune rockeur et le huent ...
Durant trois semaines, Johnny se roule par terre tout en chantant et jouant de la guitare, ce pourquoi on l'appellera "*le chanteur qui se roule par terre*".

Ce fut un peu douloureux, car il a été sifflé... mais son destin était en marche, et sa bonne étoile ne l'a plus jamais lâché !
La ligne reliant le Bar Le Destin (72, Boulevard de Ménilmontant) à la Place de l'Etoile (Charles de Gaulle), passe sur le Club J. Hallyday et... l'Alhambra !
L'Alhambra sera rebaptisé en 1956 "*Alhambra Maurice Chevalier* ".
Il est troublant de découvrir que Johnny est mort à Marnes-la-Coquette, commune de 1700 habitants où vivait Maurice Chevalier, et où se trouve sa tombe depuis 1972. Johnny avait acheté en 1999 sa Villa La Savannah (900 m2), toute proche de La Louque, (au n°4) la maison où Maurice Chevalier passa ses 20 dernières années.
Cette illustre maison qui porte le surnom de sa mère, est restée figée comme un sanctuaire ou un musée depuis sa mort. Elle fut mise en vente en 2013 à 8,4 millions d'euros.

Rappelons que Johnny a rendu son dernier soupir **rue Maurice Chevalier** (anciennement rue du Réservoir), situé dans un magnifique parc boisé privé.

L'entrée du Parc privé où résidait Johnny

La première émission (1959)

Le 30 décembre 1959, Johnny est sélectionné pour enregistrer l'émission de télévision "Paris-Cocktail" au cinéma Marcadet Palace (n°110, rue Marcadet). Cette salle de 1700 places fut détruite en 1974…
C'est là que tout commence pour lui ! Enthousiasmés par sa prestation, les paroliers Jil et Jan se proposent d'écrire pour lui et vont le présenter à la maison de disques Vogue... chez qui il signera son premier contrat le 16 janvier 1960 !
Son premier 45 tours *T'aimer follement*, sort le 14 mars.
Sur la pochette, son nom à l'origine orthographié " Halliday" figure pour la 1ère fois, mais avec une faute d'orthographe ("y" au lieu de" i") qu'il ne fera pas modifier.
Le Club Johnny Hallyday se trouve sur la ligne Sarl Destin (n°4, rue du Général Camou) - Sarl Clef de la Réussite (n°61, rue de Maubeuge).
En 1961 Johnny publie *Viens danser le twist* ; il obtient alors son premier Disque d'Or !
Le Code savait-il qu'un enfant né à la Maternité Marie-Louise aurait un lien avec cette danse ?
La ligne reliant la **Maternité** Villa Marie-Louise à la Société **Twist** (n°65, Avenue Foch), passe sur l'Arc de **Triomphe**.

La première chanson, le premier disque

"**Souvenirs-Souvenirs**" est la toute première chanson du jeune Johnny Hallyday (17 ans), et son premier succès, sorti le **3 juin 1960.** C'est un vinyle 45 tours à 4 titres. Très vite elle devient la chanson-phare de toute une génération.
Chanson nostalgique mais emblématique, elle s'impose aujourd'hui comme l'hymne français des années 60.
A Paris, la Sarl "Souvenirs-Souvenirs" (n°162, rue de Rivoli) a été créée en 2016, date de la dernière chanson de Johnny " Un Dimanche de Janvier".
L'œil de l'Aigle des Buttes-Chaumont qui regarde la Société "Souvenirs-Souvenirs", crée une ligne qui passe sur l'Impasse des Planchettes (Sarl Mamour).
L'axe formé par la Société "**Souvenirs-Souvenirs**" et la société "Nineteen Sixty" ou établissement **1960** (n°16, rue Vandrezanne)

passe sur le **Square de la Trinité** (où tout a débuté au Bar Le Calypso, entouré de ses copains Dutronc et les futurs Eddy Mitchell (Claude Moine) et Long Chris (Christian Blondieau).
Amusant : l'établissement **1960** se trouve dans la "Tour **Jade**" (26 étages)…

Avec le Code, il semble qu'il y ait souvent une connexion possible entre les êtres. Même si ce n'est pas systématique.
Prenons le cas de Christian Blondieau, le bon copain de Johnny, qui est devenu chanteur et parolier sous le pseudonyme de Long Chrys.
Celui-ci deviendra même son gendre, en épousant deux fois (en 1990 et 1992) sa fille, la comédienne Adeline Blondieau.
La ligne reliant la Clef de la Communication (Radio-France) à l'Association Club Johnny Hallyday (10, rue Caumartin), passe sur la Société Monsieur Christian Blondieau (n°18, Avenue de la Bourbonnais).
La ligne reliant la pointe du bec de l'Aigle à sa deuxième Société, Monsieur Christian Blondieau (n°78, Avenue de Suffren), passe miraculeusement sur la Sarl Mamour. Tout se tient !

L'Olympia

L'Olympia (n°28, Boulevard des Capucines), est une salle de spectacle de 2000 places surnommée le "Temple de la Chanson".
C'est le plus ancien music-hall de Paris (1893), et le passage obligé pour les artistes, qui reçoivent ici la véritable consécration.
Depuis les années 60, tous les "grands" de tous les styles de musique s'y sont produits.
Johnny Hallyday (18 ans) fut le plus jeune artiste à "faire l'Olympia", le 21 septembre **1961**, son premier grand concert...
C'est là qu'il fera découvrir la mode venue des États-Unis, notamment en lançant le twist en France.
La ligne reliant le Club Johnny **Hallyday** à la rue des Artistes (14e), passe sur l'Olympia.
La ligne reliant le Club Johnny **Hallyday** à la Sarl Airport **1961** (n°100, Boulevard Montparnasse), passe sur l'**Olympia**.
Ce sera aussi le début d'une longue histoire d'amour avec ce "Temple", qui sera suivie d'une longue série de 265 concerts.

Le culte Johnny, sa légende, a débuté à l'Olympia. Son ultime voyage, ne fut pas vers l'Olympia, mais cette fois vers l'Olympe des Dieux du Rock.
Ce n'est pas pour rien si dès le lendemain de sa mort, son nom fut inscrit en lettres rouges monumentales sur le fronton de l'Olympia…
L'Observatoire de Paris (le Grand Œil) qui regarde l'Olympia crée une ligne qui passe sur le Club J. Hallyday (10, rue de Caumartin).

Les Hallyday et le Vietnam

Johnny et Laeticia Hallyday (61 et 29 ans), mariés depuis 1996, ont adopté deux filles, Jade, (3 mois) en 2004, et Joy, 2008, toutes les deux nées au Vietnam dans la région d'Hanoï.
Ainsi, les deux filles portent les mêmes initiales JH, que leur père adoptif. Ces mêmes initiales qui figuraient sur la grande croix qu'il portait en permanence. Elles sont venues combler les désirs frustrés de parentalité du couple.
Laeticia étant stérile à cause d'un problème d'anorexie, avait subie plusieurs fausses couches pendant 8 ans.
Les jeunes vietnamiennes ont été adoptées auprès de l'Agence Internationale d'Adoption du Vietnam, au terme d'un processus juridique éprouvant pour le couple, qui a rencontré beaucoup d'obstacles sur son chemin, et soumis à des enquêtes sur le couple.
Il y eu toutefois en 2008 un petit coup de pouce de Bernadette Chirac auprès de l'Ambassadeur du Vietnam…
Les deux filles qui étaient recueillies dans un orphelinat d'Hanoï, sont élevées à Los Angeles.
Première constatation troublante : au n°7, rue Blanche juste au coin de la rue de la Tour des Dames (où vécu Johnny), on trouve un restaurant vietnamien : **Hanoï** Corner ! A l'angle de la rue, le restaurant Les Comédiens et la Sarl Les Artistes.
Un autre restaurant, le **Paris-Hanoï** se trouve au n°74, rue de Charonne. L'axe de ce resto avec la Sarl Mamour, amène sur la première adresse de Johnny, la rue Clauzel !
A **Hanoï**, se trouve le Temple de la **Montagne de Jade**, Palais dédié au Dieu de la Littérature et au Génie de la Médecine…

Saïgon, baptisée Hô-Chi-Minh-Ville depuis 1975, est la plus grande ville du Vietnam devant **Hanoï**, la Capitale.
Le drapeau du Vietnam est une étoile jaune sur fond rouge Coïncidence ? Non : Parisis Code !
L'œil de l'Aigle qui regarde la rue de Saïgon, crée une ligne qui passe exactement sur l'Ambassade du Vietnam (n°61, rue de Miromesnil) et sur la Place de l'Etoile... qui devint jaune pour la première fois de l'Histoire et pour quelques heures seulement, le vendredi 11 décembre 2015, à l'occasion de la COP 21.
La ligne reliant la Sarl **Mamour** à la rue de **Saigon** (symbole de Vietnam), passe sur l'Association Club **Johnny Hallyday** et... l'**Arc de Triomphe** !
Le Grand Œil (Observatoire de Paris) qui regarde la Société Johnny-Saïgon (n°55, Boulevard Magenta) passe sur la Sarl Mamour. Johnny avait interprété en 1990, une chanson intitulée "Vietnam Vet" (composée par son ami Pierre Billon)...

L'île de Jade

Johnny et Laeticia ont baptisé "**Jade**" leur villa de Saint-Barthélémy, en l'honneur de leur première fille adoptive.
De ce fait, le Code, dans l'un de ses alignements, qualifie Saint-Barth d'"**Ile de Jade**", et en profite pour nous montrer qu'elle a un lien avec la mort de Johnny.
La ligne reliant la Sci "**L'île de Jade**" (n°59, rue de Provence) à l'entrée du Père Lachaise (Clef de la **Mort**, du Code), passe sur la Sarl **Mamour**.
De même, la Sci "**De la Jade**" (n°64, rue Edouard Nortier - Neuilly/Seine) alignée sur la sortie du Père Lachaise (rue du Repos), traverse la Sarl **Mamour**.

La mort de Johnny

Johnny Hallyday est décédé le 5 décembre 2017 vers 22h10, dans la nuit de la Saint-Nicolas, à l'âge de 74 ans et demi.
La seule trace "physique" qui reste de lui, et où l'on peut encore lui rendre visite, se trouve au Musée Grévin, sous forme de sa statue, son double en cire, en quelque sorte sa "momie virtuelle".
Elle trône ici depuis le 1er janvier 1963, le jour même où le Franc remplaça le "Nouveau Franc".

Détail sordide : il tient la principale cause de sa mort entre ses doigts depuis presque 55 ans... une maudite Gauloise (sans filtre), responsable de son cancer du poumon.
Lors d'une interview, le chanteur Eddy Mitchell a révélé l'impressionnante et inquiétante consommation de tabac de "l'idole des jeunes" : trois paquets de Gitanes (sans filtre) par jour (60 cigarettes), mais il a fumé jusqu'à quatre paquets, soit une consommation journalière discontinue !
On peut affirmer que sa mort aussi tardive (74 ans) est un exploit dans de telles conditions !
Un cancer des poumons, donc, soigneusement entretenu jour après jour depuis 60 ans...
Le tabac est responsable de 85% des cancers du poumon chez l'homme et engendre d'autres cancers. On le sait, Johnny Hallyday fut un très grand fumeur de cigarettes ; des Gitanes sans filtre dont il alla jusqu'à fumer 3 paquets par jour.
Le Code nous le montre à sa façon :
- La ligne reliant la Clef de la Communication (Radio-France) au Bar La Gitane (n°3, rue Lassus) passe sur la rue Jean Nicot (Tabac) et sur la Sarl Mamour.
Rappelons que Jean Nicot, Ambassadeur de France au Portugal au XVIe siècle, est considéré comme l'introducteur du tabac en France. A ce titre, il est le principal responsable de la mort de Johnny…
La ligne reliant le Bar La Gitane (n°3, rue Lassus) au Club J. Hallyday, passe sur le Musée Grévin, où Johnny figure en cire, une gitane à la main…
L'Œil de l'Aigle qui regarde la Sci Les poumons (n°41 avenue Montaigne), crée une ligne qui passe sur le Club J. Hallyday, le Parvis de l'Eglise de La Madeleine (Funérailles) et sur la Savannah Company (n°4, Square Henry Paté), évoquant le nom de la maison dans laquelle il est décédé, à Marnes-la-Coquette.
Le 6 décembre 2017, le lendemain de la mort de Johnny, un disque vinyle "Comme si je devais mourir demain", fut mis en vente sur le site de vente en ligne "Le Bon Coin", à un million d'Euros par un Nantais...
La mort de Johnny semble avoir été prévue pour 2017, si l'on en croit le Code : la ligne reliant la Société "2017" (n°14, rue de Thionville) au restaurant "Chez Jojo" (n°258, Boulevard

Voltaire), passe exactement sur l'église Notre-Dame de la Croix, et sur l'entrée du Père Lachaise, clef de la Mort du Code.
La ligne reliant la société "CDF 2017" (n°20, rue Guersant) à la station "Père Lachaise", passe sur la Sarl "Mamour".
C'est le Docteur **David Khayat**, cancérologue à la renommée internationale installé depuis 1988 (30 ans) au n°64, rue de Monceau, qui suivait l'évolution du cancer de Johnny et son traitement depuis 14 mois.
La ligne de 5,9 kilomètres reliant la Clef de la **Mort** (entrée du Père Lachaise) à son cabinet, passe miraculeusement sur la Sarl **Mamour**.
Cette ligne passe devant l'entrée du Musée Grévin (où se trouve son effigie de cire) et sur la rue de la Bienfaisance puisque c'est le Dr Khayat qui limitait ses souffrances.

Le dernier soupir…

Johnny est mort à **74** ans dans sa villa La Savannah, rue **Maurice Chevalier** (à Marnes-la-Coquette).
Les dernières années de sa vie, il portait une grande croix chrétienne métallique montrant un personnage crucifié avec une guitare électrique.
Cette même croix fut portée par Laeticia le jour des funérailles.
Dans Paris, la ligne reliant le Passage des **Soupirs** au centre de la Grande **Croix** du Christ (croix monumentale créée par l'Avenue Foch et les Avenue Malakoff et Raymond Poincaré) passe sur les sociétés "**74** films" et **Johnny** Agency (n°76, Avenue des Champs-Elysées), puis sur le Club J. **Hallyday** sur la Place **Maurice Chevalier** et enfin l'Eglise Notre-Dame de la **Croix**.
Cet axe vers l'est, passe sur une société (au n°2, rue Dupont de l'Eure) qui porte le même nom que le Cancérologue de Johnny : **David Khayat**.
La ligne reliant le Club J. Hallyday à la Boutique Le Paradis Blanc (n°1 rue François Ponsard), passe sur le lieu des funérailles de Johnny : le Chœur de l'Eglise de La Madeleine.
"Mamour", on le sait, avait quelque chose en lui de "Tennessee"; il nous l'a assez répété !
L'Œil de l'Aigle qui regarde la Sarl Tennessee (n°354, rue Lecourbe), crée une ligne qui passe sur la Sarl Mamour.
En prime (c'est cadeau !), cette ligne passe sur la rue Berger !

La chanson "Quelque chose de Tennessee" fut composée par Michel Berger en 1985.
La ligne reliant la statue de cire de Johnny Hallyday (au Musée Grévin) à la Sci Jean-Philippe (n°43, rue Spontini), passe sur le Club J. Hallyday et sur l'église de La Madeleine où fut célébré un hommage populaire au chanteur.

Le Paradis de Johnny…

Pour Johnny, entre le Paradis Terrestre et le Paradis Céleste il ne s'est déroulé que 9 ans… Laeticia et Johnny sont tombés amoureux de l'île de Saint-Barthélémy, aux Antilles.
Ils ont alors décidé d'y faire construire une somptueuse Villa qu'ils ont baptisé "Jade" du nom de leur première fille adoptée.
La Villa fut terminée en 2008. Ce fut chaque été le refuge de vacances de la famille, où ils ont passé de doux moments avec leurs amis. Johnny aurait exprimé son désir d'y être inhumé…
Étonnamment à Paris, en mai 2008, soit l'année de création de la villa des Hallyday, fut créée la Sarl **Villa de Jade** (n°155, Boulevard Mac Donald), qui construisit aussitôt dans Paris un alignement surprenant.
En effet, la ligne reliant la Sarl **Mamour** à la Sarl **Villa de Jade**, passe sur le Passage Barthélémy !
Autre curiosité : relions les noms des villas de Johnny la Sarl The Paris **Savannah Company** (n° 4, Square Henri Paté) à la Sarl **Villa de Jade** (n°155, Boulevard Lac Donald).
Que constate-t-on ? On obtient une ligne de 9,6 kilomètres qui nous parle de Johnny.
Elle passe en effet sur la clinique où il est né, sur les deux rues de sa jeunesse, sur le Square de la Trinité, et la Tour Eiffel aux pieds de laquelle il a réuni le plus nombreux public de sa vie pour un spectacle gratuit. Cette Grande Dame diffusa le message "Merci Johnny".
La ligne reliant la Sarl **2017** à la Sarl Blue **Savanah** (3, rue de l'Arrivée), passe sur la Sarl **Mamour**.

Good bye...

Le Code de Paris savait pertinemment depuis 7 ans que pour Johnny Hallyday ("Mamour"), les **adieux** du peuple français se termineraient dans l'église de La Madeleine.
En effet, la ligne reliant la Sarl **Mamour** à la Sarl **Good bye** (n°5, rue de Vernet), passe sur le chœur de cette église.
On peut même préciser que le Code savait depuis le 22 décembre 2010, jour de la création de la Sarl Mamour (paramètre de Johnny Hallyday dans l'Impasse de la Planchette).
La Sarl Good bye, quant à elle, existait déjà depuis 2002...
A la Une du magazine Gala du 22 décembre 2010, on pouvait lire : "Laeticia, désormais, la patronne, c'est elle !". Le mag expliquait : "*Un an après la plongée du rockeur dans le coma, on assiste à une renaissance ; celle de son épouse.*
Depuis leur mariage en 1996, elle occupait le second rôle. Plus sûre d'elle-même, elle fait dorénavant entendre ses choix...".

Un an avant la création de la Sarl Mamour, en décembre 2009, il y eu une répétition générale du décès de Johnny.
La France avait retenu son souffle, suspendue à ses bulletins de santé.
On craignait déjà pour sa vie. Il venait de se faire opérer à Los Angeles, et était resté dans le coma...
Sorti du coma, il confiera **avoir approché en rêve une île où l'attendaient ses "chers disparus"**, dont le chanteur Carlos.
Cette île, c'était probablement Saint-Barthélémy !
Un an après, le Code finalisait son alignement prophétique en imposant subrepticement la Sarl Mamour...

A noter que tous les paramètres du Code de Paris se mettent en place de cette manière.

L'émotion suscitée par la disparition de l'idole des jeunes et des moins jeunes, et l'hommage populaire qui s'en suivit a fait oublier que le **9 décembre** était aussi la **Journée nationale de la laïcité**, date anniversaire de la loi de 1905 qui consacra la séparation de l'Etat et des Eglises.
Peu de medias ont consacré la place qui devrait revenir à cet événement qui n'est pas seulement un fait historique.

Il est amusant de constater que ce jour de la laïcité, certains fans arboraient une bannière inscrite "Johnny notre Dieu"!

Le Code de Paris nous montre clairement qu'il y a un rapport entre Johnny et la laïcité.
Le bec de l'Aigle, qui permet de créer une ligne indiquant un point important, aligné sur la Place de la Laïcité, crée une ligne qui passe par la Sarl Mamour.

Des précisions spectaculaires...

Johnny Hallyday a été inhumé dans l'intimité le **11 décembre** à Saint-Barthélemy où il possédait une villa, au terme d'une quasi-semaine d'hommages ponctuée par une immense célébration populaire à Paris. L'entrée au cimetière du chanteur est clairement marquée dans le Code !
En effet, la ligne de 7 kilomètres joignant l'Association Club Johnny Hallyday à la Sci **11 décembre** (n°20, rue Voltaire, à Montreuil) passe exactement sur l'entrée du **cimetière** du Père Lachaise, symbole d'entrée dans le royaume des Morts.
Cette ligne passe devant le Bataclan...

Mais surtout cette ligne passe sur un ange monumental de plus de 12 mètres de hauteur, sculpté en 1859 sur la façade d'un

immeuble haussmannien du n° 57, rue de Turbigo (quartier des Arts et Métiers) ! Il s'agit de la plus grande cariatide de Paris.
Autrement dit, c'est un immense honneur que le Code fait à Johnny.
La Sci du 11 décembre est une société de production de films créée en 2001, ce qui signifie que cette ligne a commencé à se construire 16 ans avant la mort de Johnny, et s'est finalisé en 2008 avec la création de l'Association Club Johnny Hallyday.
En clair, son entrée au cimetière était gravée dans le Code de Paris depuis 2008.
C'est le **10 décembre 2017**, en partance de l'aéroport du Bourget, (à 10h10) que le cercueil blanc de Johnny est arrivé par Boeing 757 sur l'île de Saint-Barthélémy.
Cette date est très précisément indiquée, en rapport avec lui.
La ligne de 8,9 kilomètres reliant la Sci **10 décembre** (n°173, Boulevard Lefebvre) à la Sci **2017**, passe comme par enchantement sur la Sarl **Mamour** !
Le cercueil en érable de Johnny Hallyday est blanc, comme celui de son idole Elvis Presley, c'est une boîte blanche (**white box**, en anglais), représentée dans le Code de Paris par la société **Whitebox**… domiciliée au n°86, rue du Faubourg Saint-Honoré, qui génère deux alignements spectaculaires.
Sont alignés dans le Code, les paramètres suivant :
- La Villa **Faucheur** (la Mort !), la rue des **Couronnes**, la Sarl **Adieu** (n°1, rue d'Enghien), la Cour de la **Grâce de Dieu**, le centre de la Croix Ankh (Place de l'Opéra, l'Association Club **Johnny Hallyday**, la Sarl **Whitebox** France (boîte blanche), et l'entrée de **l'Elysée** (la société Whitebox se trouve juste en face de l'entrée du Palais de l'Elysée).

Pourquoi ? C'est l'Elysée (le Président Macron) qui fut prévenu en premier, le 6 décembre à 2h du matin par Laeticia, de la mort de Johnny, avant même la famille proche.
Macron rédigea une lettre de 500 mots en hommage à Johnny, faisant référence à 22 de ses chansons les plus connues.
Brigitte Macron aida à organiser l'hommage national du 9 décembre.

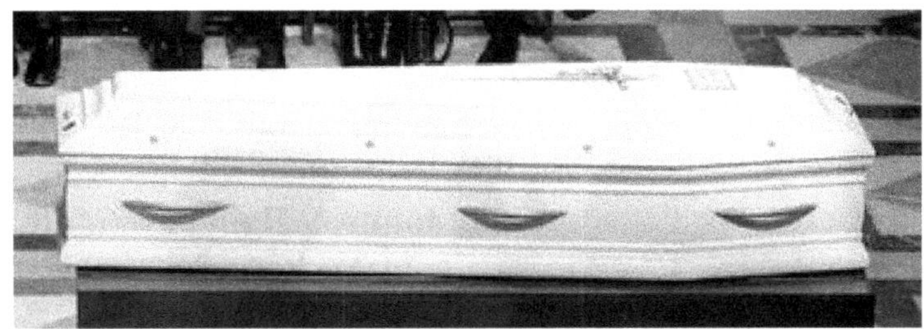

The "Whitebox"

- Enfin la deuxième ligne partant de la Sarl Mamour :

La ligne reliant la Sarl **Mamour** au centre de la Grande **Croix** du Christ (intersection Avenues Foch et Raymond Poincaré), passe sur le chœur de l'église de **La Madeleine** (où fut exposé le cercueil blanc lors des funérailles), sur la Sarl **Whitebox** France (boîte blanche), et sur l'entrée de l'Elysée.

Cette ligne a la particularité de passer sur la partie nord de la Place de la République, à l'endroit exact où le dimanche 10 janvier 2016, 11 mois avant sa mort, Johnny Hallyday tout de noir vêtu, ému jusqu'aux larmes et déjà cruellement marqué par sa maladie, a chanté la chanson "Un dimanche de janvier" (hommage aux victimes des attentats de 2015).

Les paroles de cette chanson ont été écrites par Jeanne Cherhal (dont la société se trouve au n°46, rue des Envierges).

La Clef de la Communication qui regarde cette adresse, crée une ligne qui passe à l'emplacement précis où Johnny chanta sa chanson…

L'œil de l'Aigle des Buttes-Chaumont qui regarde la Société "Un Dimanche à Paris" (n°4, Cour du Commerce Saint-André), crée une ligne qui passe sur les terrasses du restaurant Petit Cambodge (20, rue Alibert) et du bar Le Carillon (18, rue Alibert) qui furent le théâtre des massacres islamistes du vendredi 13 novembre 2015 (14 morts !).

La ligne traverse également le nord de la Place de la République.

Les démons de dix heures… et le Père Fouettard !

Dans la nuit de la Saint-Nicolas, Johnny Hallyday a commencé à agonir vers 22 h…

Petit clin d'œil morbide : dans la tradition chrétienne européenne, cette nuit-là, Saint-Nicolas passe dans les maisons pour apporter aux enfants sages des friandises… mais parfois, comme cette

funeste nuit du 5 décembre, il était accompagné du Père fouettard…
Incroyable mais vrai, ce message transparaît dans le Code !
En effet, la ligne de 4 kilomètres reliant la rue Saint-Nicolas (11ème arr.) à l'Assoc. Club **Johnny .Hallyday** (n°10, rue de Caumartin), passe sur le restaurant **Au Père Fouettard** (n°9, rue Pierre Lescot) !

Cette ligne passe sur la vieille Fontaine **Trogneux** (n°61, rue du Faubourg Saint-Antoine). Or, **Brigitte Trogneux** (épouse Macron) fut avec son mari Emmanuel, la première avertie du décès du chanteur.
La ligne passe aussi sur la Cour du Nom de **Jésus** ; vous savez, celui qui se trouvait sur la grande croix métallique que Johnny portait en permanence autour du cou, et qui avait une guitare électrique !
La ligne reliant la Sarl **Mamour** (Impasse de la planchette) à la Sarl **Les Démons de Dix Heures** (n°36, Boulevard de Clichy), passe sur la rue de **Paradis** (symbole de mort), sur la Villa Marie-Louise où est né Johnny et sur le Théâtre de **dix heures**…

Instant magique… Quelque part un aigle…

Le Code - et ce n'est pas un **hasard** - montre clairement comment il était prévu que Johnny Hallyday ait un lien avec l'île de **Saint-Bart**hélémy, aux **Antilles**… où il repose en **paix**.
Démonstration : la ligne reliant l'adresse d'enfance de Johnny (rue de la Tour des Dames) à la Sci **Saint-Bart** (n°34, rue de la Voute) passe sur le bar L'**Hasard** (n°43, rue Saint-Lazare) et sur la Sarl **Mamour**.

La ligne reliant l'Assoc. Club **Johnny .Hallyday** (n°10, rue de Caumartin), à la Sci Saint-Bart (n°34, rue de la Voute), passe sur le Café de la **Paix** et la Place des **Antilles**.
Lors de l'inhumation de Johnny, les proches ont été surpris par certains signes de la nature...
Tout a commencé le 10 décembre, jour où la dépouille du rockeur est arrivée sur l'île antillaise.
Le premier signe a été un arc-en-ciel éblouissant, qui a marqué les esprits.
Photographié par le producteur Jean-Claude Camus... un "aigle des Antilles" ou **Balbuzard** a survolé à deux reprises le cercueil de Johnny Hallyday durant la Cérémonie à Saint-Barthélémy le lundi 11 décembre 2017.
La deuxième fois, c'était au moment où un arc-en-ciel apparaîssait.
Dans le Code, la ligne reliant **Camus** Production (n°6, rue Daubigny) à la Clef de la **Mort** (entrée du Père Lachaise), passe sur la Sarl **Jojo** Distribution (n°12, rue Blanche), le Bar "**Balbuzard**" (n°54, rue René Boulanger), et le bar " **La Dernière Séance**" (n°24, Avenue de la République).
L'aigle est un symbole important pour les rockeurs... Johnny avait fait tatouer une tête d'aigle sur son bras droit.
Quant à l'arc-en-ciel, il forme un lien entre la Terre et le Ciel, entre les hommes et Dieu, entre le matériel et le spirituel…

Métempsycose…

Il est naturel dans ces grands moments d'émotion de laisser son esprit vagabonder…
Il y a fort à parier qu'en voyant ce **Balbuzard** au-dessus du cimetière, Laeticia, Laura, David et leurs voisins ont toute suite eu l'impression que c'était en quelque sorte l'âme de Johnny qui venait faire un dernier adieu à ses proches…
"Quelque part un aigle" est le 29e album studio de Johnny Hallyday, sorti le 1er février 1982.
Dans le Code, autre coïncidence (si ce mot a encore un sens dans le code), on trouve la Sarl **L'Aigle Royal** (n°4, rue Dancourt) sur sa ligne de naissance, regroupant son lieu et sa date de naissance, sa rue d'enfance, le Club J.Hallyday et accessoirement, la discothèque "Le Milliardaire".

Je vois déjà le petit rictus moqueur chez certains… si j'affirmais que le Code identifiait bien cet oiseau à Johnny.
Pourtant dans le Parisis Code, si nous traçons une ligne joignant la Sci **Saint-Barthélémy** (n°24, Avenue Raphael) au Bar "**Balbuzard**" (n°54, rue René Boulanger), celle-ci traverse bel et bien la Sarl **Mamour** !
Et le Club Johnny Hallyday n'est-il pas sur la ligne reliant Bar "**Balbuzard**" au Parvis de l'Arc de Triomphe ?
Plus troublant encore, sachant que la Métempsycose est une renaissance, une migration des âmes après la mort vers un nouveau corps : la ligne reliant le Club Johnny Hallyday au Bar "**Balbuzard**" passe très précisément sur le Théâtre de la … **Renaissance** ! L'idée reste séduisante.
L'Association Club Johnny Hallyday se trouve aussi sur la ligne reliant la Villa de la **Renaissance** (19e arr.) à la rue de la **Renaissance** (8e arr.) sur laquelle nous trouvons la rue de Paradis (la ligne passe sur le "Manoir Hanté"), l'entrée de l'Opéra et le chœur de La Madeleine !

Le troisième signe a eu lieu à la fin de l'enterrement. Au cimetière, les proches du chanteur, la plupart vêtus de blanc, couleur de deuil aux Antilles, se sont recueillis et ont jeté des fleurs sur le cercueil lorsqu'un nouvel arc-en-ciel est apparu.
Remarque : l'œil de l'Aigle des Buttes-Chaumont qui regarde la rue de la **Renaissance** (8e arr.), crée une ligne de 10 kilomètres qui passe sur un bar… vous doutez-vous de son nom ?
Il s'agit du bar à la façade noire, "Le **Fantôme**" situé au n°36, rue de… **Paradis** !

Et la ligne joignant ce bar à l'entrée du **cimetière** du Père Lachaise (Clef de la Mort du Code) ?
Sur la rue **Dieu**, bien sûr, mais aussi sur la rue de **Paradis** et sur le théâtre "Le **Passage vers les Etoiles**", au n°17, Cité Joly...
Dans la tradition populaire, l'entrée du Paradis est contrôlée par Saint-Pierre, qui en possède les clefs. Cette entrée n'est pas directe. Il faut passer par le purgatoire...
La ligne reliant l'Impasse **Saint-Pierre** au bar Le **Fantôme**, passe sur le restaurant **Le Purgatoire** (n°13, Boulevard de Ménilmontant), la Sarl Héritage **Spirit** (n°38, rue Servan) et la rue Dieu.
Il existe à Paris un autre restaurant **Le Purgatoire** (n°54, rue de **Paradis**) qui, aligné sur l'Impasse **Saint-Pierre**, crée une ligne qui traverse le restaurant **Le Purgatoire** (n°13, Boulevard de Ménilmontant).
L'œil de l'Aigle qui regarde la Sci **La Clef Saint-Pierre** (n°31, rue François 1er), crée une ligne qui traverse le restaurant **Le Purgatoire** (n°54, rue de **Paradis**).

Le Jojo Burger...

Au cours de sa vie, Johnny (Mamour) a eu de nombreuses demeures (plusieurs à Paris, à Marnes-la-Coquette, Los Angeles, Saint-Barth et Gstaad).
Mais pour finir, c'est en décembre 2017 que Johnny a rejoint la commune de Lorient sur l'île de Saint-Barthélémy, sa nouvelle demeure... et la dernière qu'il a voulu sans extravagance, pour être traité "comme tout le monde".
La ligne joignant la Sarl **Nouvelle Demeure** (n°74, Boulevard Saint-Michel) à la Sarl **Lorient** (n°7, rue de Tanger), passe sur la Sarl **Mamour**.
La ligne joignant la Sarl **Nouvelle Demeure** à la rue **Barthélémy**, passe sur la Sarl **Mamour**.
Remarque : la Sarl **Nouvelle Demeure**, se trouve exactement sur la ligne joignant les entrées principales des deux plus grands cimetières parisiens (Père Lachaise et Montparnasse).
Cette ligne traverse aussi le plus prestigieux lieu d'inhumation de Paris : le Panthéon.

Johnny avait déclaré "Je rêve de finir mes jours ici dans ce sublime cimetière marin de Lorient".
Regarde bien, il y a tout pour kiffer : d'un côté la plage avec le spot de surf, la baraque en bois de Rip Curl, peinte en jaune et rouge, j'aurai une vue imprenable sur les vagues et les jolies filles.
De l'autre côté, il y a la route, comme ça je pourrai regarder les voitures passer et puis si j'ai un petit creux, j'irai me taper un bon burger en face chez Jojo Burger." (Source : Gilles Lhote "Johnny le Guerrier" (R.Laffont)
Le patron **Georges Berry** (dit "Jojo") a créé ce restaurant en 2002, bien avant que notre Jojo national ne s'installe sur l'île.
Georges Berry est donc devenu à partir du 11 décembre 2017, un peu le gardien autoproclamé du tombeau de Johnny…
Son établissement est à présent le lieu incontournable pour ceux qui viennent se recueillir sur la tombe du "taulier".
La commune de Lorient a prit ce nom en référence à la ville bretonne éponyme, car il faut savoir que 80% de la population de l'île de Saint-Barth, soit 9000 habitants, est d'origine bretonne.

Le JoJo Burger vu du cimetière de Lorient (Ile de Saint-Barth)...

Incroyable mais vrai, il existe à Paris, quartier de la Chaussée-d'Antin, où Johnny passa son enfance (9e arr.), et à 450 m de son adresse de l'époque, une Place **Georges Berry**, soit exactement le même nom que le patron du Jojo Burger, à Lorient !
La ligne reliant la Sarl **Lorient** (n°7, rue de Tanger) à la Sci **Saint-Barthélémy** (n°24, Avenue Raphael), passe sur la Place **Georges Berry**.
La ligne reliant la Clef de la **Mort** (entrée du Père Lachaise) à la Place **Georges-Berry**, passe sur la Sarl **Mamour** !
La ligne joignant le **Jojo** bar (n°168, rue Saint-Martin) à cette place, passe miraculeusement sur le restaurant **Coquette** (n°4, rue Meyerbeer), évoquant le lieu du décès.
Ce restaurant se trouve sur la boucle de l'Ankh...
Plus "flippant" : la ligne reliant la Place **Georges-Berry** à la Société "**Les Compagnons de la Tête de Mort**" (n°11, rue de Vitruve), passe sur la Sarl **Mamour** !
Rappelons que Johnny, en tant que rockeur, fut un grand amateur de têtes de mort !
L'apothéose de cet engouement se retrouva spectaculairement affichée lors de sa tournée "Rester Vivant", où une tête de mort monumentale de 500 kg était suspendue au-dessus de la scène.

La Croix mystérieuse

L'identité du joaillier créateur de la grande croix du Christ à la guitare électrique sertie de diamants que Johnny portait autour du cou, n'avait encore jamais été révélée publiquement,

probablement à la demande de Johnny, désirant que cette création reste unique au monde…
Malgré tout, aujourd'hui quelques bijoutiers tentent de l'imiter avec plus ou moins de bonheur.
La croix à la guitare électrique est apparue en mars 2011 sur les affiches et différentes publicités à l'occasion du lancement de la tournée "Jamais seul" incluant le grand concert au Stade de France des 15 et 16 juin 2012.
La croix fut représentée tout d'abord, sous forme de tatouage éphémère, visible sur la poitrine du chanteur, et mis en valeur sur les affiches où son nom d'ailleurs n'apparaît pas.
Seules ses initiales J.H figureront sur le C.D et le DVD.
Elles seront un peu plus tard inscrites sur la croix métallique à la place de l'inscription INRI de la croix du Christ.
Le fameux monogramme « *JHS* », celui de Jésus fondateur de la religion chrétienne, a longtemps été employé par les Chrétiens pour se reconnaître entre-eux depuis les origines du Christianisme : **I** ou **J**, **H** (Héta majuscule grec) et **S** sont les premières lettres de « Jésus » en grec.
Sur l'affiche, même la guitare commence à se dématérialiser ; elle est en partie transparente.
On est ouvertement dans une démarche christique… Johnny se met à la place du Christ sur la croix.
En ne se nommant pas, il se compare à celui dont on ne doit prononcer le nom : Dieu.
Associé à la croix sur la poitrine, ce monogramme *JH,* pastiche de *JHS,* ne présente-t-il pas Johnny Hallyday comme le prophète d'une nouvelle secte ?
Il est frappant de voir cet alignement en rapport avec sa tournée "Jamais Seul" qui sous-entend "parce que bien accompagné du Christ ".
Une démarche qui se confirmera par le port permanent de la croix métallique à partir de 2012 jusqu'à sa mort.
En effet la ligne reliant la Société " **Jamais seul**, bien accompagné" (n°46, Boulevard Ney) au chœur de Notre-Dame de Paris (la Clef du **Christianisme** du Code), passe sur la Sarl **Mamour** !
Johnny Hallyday est apparu officiellement pour la première fois avec la croix métallique autour du cou à la conférence de presse

de sa tournée "**Jamais seul**", à la Tour Eiffel, le samedi 3 décembre 2011, six ans et 2 jours avant sa mort (H-2193 jours)... la nuit où le mot "Merci Johnny" sera affiché sur la Tour parisienne.
A l'occasion de sa tournée "Jamais seul", Johnny Hallyday avait demandé la réalisation de cette croix en or gris au joaillier américain **Harry Winston** (n°29, Avenue Montaigne), fournisseur officiel de diamants de Marilyn Monroe et Liz Taylor. Harry Winston fondateur de la marque était surnommé The King of Diamonds, "le Roi des Diamants".
Johnny voulait que soit représenté sur le crucifix Jimi Hendrix (décédé en 1970) et sa légendaire guitare électrique.
Les deux futures légendes du Rock s'étaient rencontrées le 14 octobre 1966 au Grand Café Foy (n°1, Place Stanislas) à Nancy, ville où Johnny se produisait en tête d'affiche.
Jimi Hendrix était né Johnny Allen Hendrix le 27 novembre 1942 à Seattle (U.S.A)...
En 2011, sur l'album de Johnny *Jamais Seul*, le morceau, *Guitar Hero*, est sous-titré *"A mon ami Jimi Hendrix"*.
Jimi Hendrix avait assuré les premières parties de Johnny en France vers 1966-1967. Johnny avait repris *Hey Joe*, un des tubes d'Hendrix, en français.
Mais concernant cette croix, comment réfuter un quelconque lien avec la foi ou la religion avec un tel objet ? Comment penser qu'il n'y aurait pas polémique ?
Un autre problème intervient dans le visuel du crucifix.
Si c'est Jimi Hendrix qui est réellement représenté sur la croix, pourquoi tient-il sa guitare ainsi alors qu'il était gaucher, contrairement à Johnny ?
Un autre élément manquant important : son imposante coiffure afro.
Mais concernant cette mystérieuse croix, il m'est venu une autre réflexion. Reste à savoir si le créateur de la croix de Johnny a fait lui-même ce cheminement intellectuel.
"Les miroirs" - écrit Jean Cocteau - sont ces portes par lesquelles entre la mort. Regardez-vous toute votre vie dans un miroir et vous verrez la mort travailler sur vous".

Effectivement, si nous suivons ce concept et que nous regardons le crucifix de Johnny dans un miroir, alors le guitariste représenté peut être Jimi Hendrix.

On remarquera en passant qu'avec l'effet miroir les initiales "JH" deviennent " HL" comme Hallyday Laeticia.

Par contre, le crucifix ressemble bien à cette photo de Johnny Hallyday (prise par Jean-Marie Périer), qui pose tel Jésus en avril 1970. Même la coiffure correspond !

Sa chanson " Jésus-Christ", écrite par Philippe Labro, musique d'Eddie Vartan, sera considérée à l'époque comme un blasphème, et interdite sur les ondes et à la télévision.

C'est surtout une affiche de sa tournée "Jésus-Christ" qui le présente moustachu et torse nu, crucifié sur une guitare qui créa l'émotion. Je n'ai pas retrouvé cette affiche sur internet…

Harry Winston (1896-1978) fut le premier joaillier à "diamanter" dès 1944, les plus grandes stars d'Hollywood.

En 1953, dans le film Gentlemen Prefer Blondes (Les hommes préfèrent les blondes), la chanson *Diamonds are a Girl's Best Friend* , chantée par Marilyn Monroe, inclut la phrase suivante : "*Talk to me, Harry Winston, tell me all about it* ".

La Lloyd's, sa compagnie d'assurance, lui interdit d'être photographié autrement qu'en silhouette, et de dos de préférence… Cette joaillerie fut victime d'un double cambriolage, en 2007 et 2008, l'un des plus importants au monde, avec plus de 100 millions d'euros de préjudice.

L'œil de l'Aigle qui regarde le joaillier **Harry Winston** (n°29, Avenue Montaigne), crée une ligne qui passe sur l'entrée de l'Opéra Garnier, le Club J.Hallyday (n°10, rue de Caumartin), le chœur de l'église de La Madeleine.

Ce joaillier se trouve exactement sur la ligne reliant le centre de la Grande Croix du Christ à l'entrée de Notre-Dame de Paris.

Si ce grand joaillier **Harry Winston** se trouve au n°29, Avenue Montaigne, ce n'est pas un hasard, tout du moins pour le Code.

En effet, il est confortablement installé sur une ligne on ne peut plus évidente : celle qui relie le Théâtre des Cinq Diamants (n°10, rue des Cinq Diamants) à l'Arc de Triomphe.

L'avocat de Laeticia Hallyday, maître Ardavan Amir-Aslani, se trouve au n°45, Avenue Montaigne… à 200 mètres de ce joaillier.

Selon les désirs de Johnny, la croix devait représenter Jimi Hendrix, bras en croix avec une guitare en bandoulière.
Cette guitare est constellée de 60 diamants de 0,6 carats et 3 saphirs ; 63 pierres représentant peut-être son âge, 63 ans, en 2006 lorsqu'il commanda cette croix.
Plus étrange, ces 63 pierres correspondraient aux 63 mois (5ans et 3 mois) qui lui restait à vivre à partir du 5 septembre 2012, date à laquelle il était hospitalisé à l'Hôpital Cedars-Sinaï de Los Angeles… On venait de lui retirer de l'eau dans les poumons, signe en fait, qu'à partir de ce jour, ses jours étaient comptés ; il n'avait plus aucune chance de s'en tirer.
Aucun prix concernant cette croix en or n'a jamais été communiqué, mais on peut déjà faire une rapide estimation, sachant qu'un diamant de qualité inférieure de 0,6 carats coûte environ 500 euros. Il peut grimper à 5000 euros suivant la pureté et la rareté. Bref, cette croix coûte au moins 100000 euros.
Elle est frappée des initiales "JH" correspondant aussi bien à Jimi Hendrix qu'à Johnny Hallyday. On reste dans l'ambiguïté la plus totalc.
Dès le lendemain de la mort de Johnny, Laeticia Hallyday porta religieusement cette croix autour de son cou.
Mais à partir de début mars 2018, déclaration de guerre de ses beaux-enfants lui reprochant de n'avoir droit à aucun souvenir personnel, et désormais surnommée "La Veuve Noire" par les fans de Johnny, elle avance, délestée du pendentif. Il faut dire que s'exhiber de nos jours avec un bijou aussi coûteux devient extrêmement dangereux.
Cette croix provocatrice, souvent confondue avec celle du Christ, a dérangé dans les milieux ecclésiastiques, reprochant à Johnny de se comparer à Jésus.
En mars 2006, interrogée par France 3 Nord-Pas-de-Calais, la star jugeait ainsi l'idée de funérailles nationales : *"Je pense que c'est pas terrible"*, argumentait-il.
Ce serait *"un hommage pour une star absolue"*, insistait le journaliste. *"Je ne suis pas une star absolue, les gens s'imaginent ça, moi, je suis un homme simple"*, rétorquait Johnny Hallyday, visiblement fatigué.
Chaque étape de la vie de Johnny a été marquée par le signe de la croix.

Depuis son baptême en l'église de la Trinité, puis son mariage avec Sylvie Vartan, en 1965, dans l'église Saint-Lucien de Loconville, et pour terminer ses funérailles en l'église de La Madeleine, avec ce signe de croix tracé par les proches à l'aide du goupillon sur son cercueil blanc.
Enfin, pour l'éternité cette tombe toute simple immaculée avec son prénom de baptême, Jean-Philippe, et une grande croix en marbre blanc pour rappeler sa confession.
En mars 2017, le crucifix à la guitare (celui qui fut dessiné temporairement sur la poitrine de Johnny) apparaît tatoué sous l'avant bras gauche de Johnny avec la mention "Jamais Seul"... un peu comme s'il désirait emporter cette croix dans la tombe...
Ce fut l'un de ses derniers tatouages.
Le 24 août 2017, jour de la Saint-Barthélémy, Johnny passait les dernières vacances de sa vie en famille sur l'île de Saint-Barthélémy (photo de droite).
Deux semaines plus tard, dans la nuit du 5 au 6 septembre, l'île de Saint-Barthélémy était dévastée par l'ouragan Irma. La villa des Hallyday fut en partie démolie. C'est aussi dans une nuit du 5 au 6 que Johnny devait déceder.

Acte de décès de Johnny Hallyday

Comme il est spécifié dans l'acte de décès de la mairie de Marnes-la-Coquette, Johnny Hallyday a rendu l'âme le 5 décembre, officielement à 22h10mn (**10h10** du soir), avec une tolérence de quelques minutes.
L'officier d'Etat Civil qui a dressé l'acte de décès, le 6 décembre se prénommait Lora... comme la fille aînée de Johnny.
La ligne reliant le Club **J. Hallyday** à la Clef de la **Mort** (entrée du Père Lachaise), passe sur le Café **Le 10h10** (n°19, rue de Cléry).
La ligne reliant le Passage des **Soupirs** au Café Le **10h10** (n°19, rue de Cléry), passe sur la Sarl **Mamour**.
Le Grand Œil (Observatoire de Paris) qui regarde la Sarl Mamour, crée une ligne qui passe sur le Café "Le 10h10" (n°210, rue Saint-Martin).
C'est à 10h10 également, le 9 décembre, que le cortège funèbre a quitté Marnes-la-Coquette pour le funérarium du Mont-Valérien,

et enfin c'est encore à 10h10mn le 10 décembre que le Boeing transportant le cercueil de Johnny Hallyday a décollé du Bourget pour l'île antillaise de Saint-Barthélémy.
Désormais, même s'il s'agit d'une pure coïncidence, lorsqu'un fan de Johnny Hallyday regardera les montres exposées à la devanture d'une horlogerie-bijouterie, il verra l'heure de la mort de son idole.

En effet, certains ne l'auront peut-être pas remarqué, mais toutes les montres du monde présentées dans les publicités, en exposition ou photographiées indiquent toujours 22h08 ou 22h10 (10h08 ou 10h10). Aucune dimension mystique ne se cache derrière, simplement un événement historique et des codes esthétiques.

789, Amalfi Drive

Comme on a pu le découvrir dernièrement, l'une des dernières adresses de Johnny Hallyday fut aux USA :
- n°789, Amalfi Drive (Pacific Palissade), Los Angeles. CA 90272.
A Paris, il existe une Sarl "789 Music" (n°34, rue Sedaine).
Il existe également un restaurant "Amalfi" (n°29, rue de Turin).
Si nous relions ces deux adresses, nous obtenons une ligne de 4,6 km qui passe sur la Sarl Boudou (n°13, rue du Faubourg de Montmartre), et sur l'adresse de jeunesse de Johnny, la rue de la Tour-des-Dames. Précisons que Laeticia (Boudou) continue de vivre à cette adresse…
Il existe aussi une société **Amalfi** au n°1, rue Lord Byron, exactement sur l'axe Sarl Mamour - Club Johnny Hallyday.
La Sarl **Mamour**, la Sarl Cofina **789** (n°47, Avenue de l'Opéra) et la Société **Amalfi** (n°10, rue du Colisée) sont alignées.

MICHOU, le Prince Bleu de Montmartre

Certaines personnes, pour des raisons incompréhensives, sont particulièrement ciblées par le Parisis Code.
C'est le cas de Michou, un personnage extravaguant particulièrement aimé des parisiens.
Je ne l'ai jamais rencontré, et je regrette qu'il ne puisse pas prendre connaissance de cette étude, particulièrement dithyrambique et impressionnante.

Michou, monument hystérique de Paris, surnommé également "la belle du 18 juin"(en référence à l'Appel du 18 juin du Général De Gaule).

Michou (Michel Catty), né à Amiens (Somme) le 18 juin 1931, est une célèbre figure parisienne, extravagante et kitch, directeur du Cabaret transformiste de Montmartre "Chez Michou", ouvert le 13 juillet 1956, au n°80, rue des Martyrs.
Outrageusement maquillé, lui et ses "Michettes" aux pseudos farfelus (Phosphatine, la Grande Eugène, Paulette Harpic, Lady Paic... etc…) amusaient chaque soir, sur la plus petite scène de Paris. Son premier nom de transformiste fut "Miss Glassex". Ce produit pour les vitres est bleu…

Première constatation, le Code montre que Michou est originaire de la Somme (Picardie) :
L'œil de l'Aigle des Buttes-Chaumont qui regarde le Boulevard de la Somme, crée une ligne qui passe sur le cabaret de Michou.
Ce cabaret aurait inspiré à Jean Poiret, en 1966, la fameuse pièce de théâtre "La Cage aux Folles".
Le cabaret de Michou, ouvert 7jours/7 (et toute l'année !), triompha ainsi pendant 64 ans.

La phrase fétiche de Michou : " *Youpi, quelle belle soirée !*"

Michou veilla à toujours être présent, chaque jour, pour ouvrir le spectacle. Le cabaret a fait son premier spectacle de transformistes le jour de Mardi Gras 1968. Il connaitra vraiment

la célébrité au cours des années 70. Le graphisme et la décoration hippie s'inspire de cette période.
Michou doit le lancement de son cabaret a "Quand Paris se travestit ! », un article élogieux d'Edgar Schneider, un chroniqueur à Jours de France et Paris Presse.
Tous les mois, le jeudi, Michou invitait la Providence à sa table ! En fait, il conviait dans son cabaret, les pensionnaires de la Maison de retraite "La Providence" (77 rue des Martyrs), située à 50 mètres de chez lui.

Le look Michou

Le bleu était la couleur fétiche de Michou. Enfant, sa mère, très religieuse l'habillait déjà de bleu, couleur de la Sainte Vierge.
On remarquera en passant que la rue Notre-Dame de Nazareth, la rue Bleue et le Cabaret Michou sont alignés.
Michou portait en permanence, costume et lunette bleus mais aussi, selon ses dernières volontés, pour ses funérailles, le 31 janvier 2020 : cercueil capitonné de bleu et tombe en granite bleu ! C'est ce qu'on appelle "se mettre sur son 31" !
Sur le site internet de son établissement on peut lire : " Michou, celui qui donne des couleurs à vos nuits blanches".
Michou était reconnaissable à ses lunettes en acétate transparent bleu. Elles furent dessinées par l'Opticien des stars, **Pierre Marly**, au n°50, rue François 1er. Opticien qui réalisa entre autres, les fameuses lunettes blanches de Michel Polnareff ou encore d'Elton John et de Serge Gainsbourg…

La ligne reliant l'adresse de Pierre Marly à la Sci Michou (97, rue de la Folie Méricourt) passe sur le Rond-point des Champs Elysées, Clef de la Célébrité du Code.

Le costume bleu de Michou fut réalisé par le couturier des stars **Francesco Smalto**, au n°44, rue François 1er.
La ligne reliant l'adresse de Francesco Smalto à la Sci Michou, passe également sur la Clef de la Célébrité….
La première boutique de Francesco Smalto, se trouvait au 26, rue de la Boétie.
Ainsi on remarquera que l'opticien Pierre Marly, Francesco Smalto et le Cabaret de Michou furent alignés.
La ligne reliant l'Arc de Triomphe au restaurant "L'Homme Bleu" (55, rue Jean-Pierre Timbaud), passe sur la Sci Michou (97, rue de la Folie Méricourt).
Cette ligne passe sur la Place de l'Opéra, clef du Destin.
Les années 20 furent appelées "Les années folles". Le destin a voulu que Michou meure à l'aube des nouvelles "années 20".
Michou était une icône gay: la ligne reliant la Sarl Gay Partners Paris (10, rue de Montmorency), au cabaret "Chez Michou", passe sur la rue Bleue.
Michou a reçu le 24 janvier 2005, la Légion d'Honneur, des mains de Jacques Chirac.
La ligne reliant la Clef de la Communication (Maison de Radio-France) à la Sci Michou (97, rue de la Folie Méricourt), passe sur Le Palais de la Légion d'Honneur

La mort du Prince Bleu

Michou est décédé d'une insuffisance respiratoire, à l'âge de 88 ans, le 26 janvier 2020, jour de la Sainte Paule (ou Paula), à l'Hôpital militaire Bégin, n° 69, Avenue de Paris, à **Saint-Mandé**, en banlieue parisienne.
Le Code montre qu'il devait mourir à Saint-Mandé.
C'est Brigitte Macron, l'épouse du Président de la République, qui dirigea Michou vers l'Hôpital Begin et facilita son admission.
La ligne reliant le cabaret "Chez Michou" à **Saint-Mandé**, passe sur la Clef de la Mort, l'entrée principale du Père Lachaise.
On remarque que le dernier jour de vie de Michou est indiqué : la ligne reliant le cabaret à la société 25 janvier (97, rue Vieille du Temple), passe sur la rue Bleue…

La ligne reliant l'Association "**L'Ange Bleu**" (33, Avenue Philippe August) à l'église Saint-Jean de Montmartre, passe sur la rue de Paradis et sur le Cabaret "Chez Michou".
La ligne reliant le cimetière Saint-Vincent de Montmartre (lieu de sépulture de Michou) au Restaurant "**La Rose Bleue**" (15, rue Choron), passe sur le Cabaret de Michou.
"**Les Mots Bleus**", la chanson de Christophe (sortie en 1974) a retenti sur le parvis de l'église Saint-Jean de Montmartre...
La ligne reliant la Sarl "Les Mots Bleus" (14, rue de Rémusat) au Sacré Cœur de Montmartre (tant aimé par Michou), passe sur la Clef de la Communication (Radio-France), et sur la Place des Abbesses (parvis de Saint-Jean) où s'étaient attroupés un millier de personnes...elle était "bleue" de monde !
La ligne reliant le cimetière Saint-Vincent à l'adresse parisienne de Christophe (Daniel Bevilacqua - n°146, Boulevard du Montparnasse), passe sur le parvis de Saint-Jean.
La ligne de 4,6 km reliant la Sarl "**Merci, au revoir**" (15, Passage de la Main d'Or) à l'église Saint-Jean de Montmartre, passe sur la Cité Paradis et sur le Cabaret "Chez Michou".

La ligne de 1,8 km reliant la Sarl "**Adieu Paris**" (n°1, rue d'Enghien) à l'église Saint-Jean de Montmartre, passe sur la Cité Paradis, sur la rue Bleue, et sur le Cabaret.

Le Rat a mangé le Serpent...

Michou est mort le 26 janvier, lendemain du Nouvel an chinois (le 25). Il est donc mort au cours de l'année du Rat de Métal, premier animal de l'horoscope chinois.
Il était né en 1931, au cours de l'année du Serpent de Métal... Il avait ouvert son cabaret en juillet 1956, année du Dragon de Feu...

La cérémonie funèbre fut célébrée le vendredi 31 janvier (jour de la Sainte Marcelle), à l'Eglise Saint-Jean de Montmartre, située à 150 mètres de son cabaret. Ce jour-là, tous ses amis sont venus lui dire adieu et leur témoigner leur amour…
Ligne symbolique : la ligne reliant la Sarl "Marcelle" (51, rue des Franc-Bourgeois) au "Mur des Je t'aime" (dans le Square Jehan Rictus, Place des Abbesses), passe sur le Cabaret de Michou.

Le Mur des Je t'aime

Michou Day (19/4/2014)

Le 19 avril 2014 fut organisé, sur la Place des Abbesses, où ses funérailles devaient se dérouler le 31 janvier 2020, moins de 6 ans plus tard, le "**Michou Day**"...
La ligne reliant l'arrière cimetière Saint-Vincent de Montmartre (où il repose depuis le jour de la Sainte Marcelle), au restaurant "Marcelle" (22, rue de Montmartre), passe sur la rue du Jour, et sur le cabaret Chez Michou.

La ligne reliant l'Eglise Saint-Jean à la Porte de Saint-Mandé (commune où il est décédé), passe sur le cabaret Chez Michou, sur l'Hôtel "**Grand Amour**", n°18, rue de la **Fidélité** (la fidélité était l'une des qualités les plus appréciées de Michou...).
La ligne continue sur la rue Dieu, sur la Sci Michou (97, rue de la Folie Méricourt) et sur la Sci des Rats (7, impasse de Mont Louis).

Devant l'église Saint-Jean de Montmartre

Le cimetière Saint-Vincent

Michou a été inhumé à 600 m de son cabaret, au cimetière Saint-Vincent de Montmartre (6, rue Lucien Gaulard), dans son cercueil bleu. Ce cimetière se trouve précisément (à 100%) dans l'alignement Nord du Cabaret "Chez Michou".

Corbillard et cercueil bleus...

Saint-Vincent est le saint patron des Vignerons. Or, Michou avouait consommer au moins deux bouteilles de Champagne par jour ! Cet abus aurait contribué à son cancer du côlon...
Il est difficile de trouver une photo où on ne le voit pas un verre de champagne à la main !

Dans le Code, la rue des Vignes, le Musée du Vin la rue et le cimetière Saint-Vincent sont alignés.
Le vignoble du Clos-Montmartre (2000 m2), qui date de 940, pousse sur le flanc nord de la butte Montmartre, le long de la rue Saint-Vincent. Il se trouve à seulement 600 mètres du cabaret de Michou. On y récolte en octobre, environ 1 tonne de raisins au cours des vendanges de Montmartre.
Les 1000 à 1500 bouteilles de rouge numérotées, sont produites dans les caves de la Mairie du 18e arr.
Le 6,7 et 8 octobre 2006, à l'occasion des vendanges de Montmartre (73ème édition) et des 50 ans du cabaret "Chez Michou", une cuvée Michou 2005 a été récoltée. Cette année-là, toutes les bouteilles étaient à son nom. Compter 40 euros la bouteille d'un demi-litre.
Le Grand Œil (Observatoire de Paris) qui regarde le Clos-Montmartre, crée une ligne qui passe sur le cabaret.
La ligne reliant la Sci Kurz 2006 (75, rue de la Tombe-Issoire) au Clos-Montmartre, passe bien entendu sur le cabaret…

Ainsi, il y a eu la cuvée Dalida, Moulin-Rouge, en 2001 la cuvée Lapin-Agile en 2002, la cuvée Toulouse-Lautrec en 2003. En 2007, la cuvée Brassens…
Michou était surnommé "Le Prince Bleu de Montmartre". C'est d'ailleurs le titre de son unique livre (autobiographique), sorti en 2017 (Editions Cherche Midi).

Le livre est préfacé par sa grande amie (depuis 45 ans) l'actrice et romancière **Anny Duperey**, qui pris la parole lors des funérailles, le 31 janvier :
"J'aimais le cabaret et un jour j'ai déboulé chez toi et j'ai découvert un état d'esprit.
Et je suis devenue une abonnée. Ce cabaret, je ne l'ai jamais quitté pendant 45 ans.
Tu as fait plus pour la tolérance que tous les discours... Maintenant tu vas te reposer."
Le Code témoigne d'ailleurs de cet "amour" **d'Anny Duperey** pour son Michou.
La ligne reliant l'adresse parisienne d'Anny Duperey (29, rue Boulard) au Cabaret de Michou, passe sur l'**Hôtel Amour (**8, rue de Navarin) !
La ligne reliant la rue Monsieur le Prince à sa tombe, passe effectivement sur son cabaret.
Le Code montre qu'il devait rejoindre ce cimetière en **2020.**
L'œil de l'Aigle des Buttes-Chaumont qui regarde la Société "**Paris Athle 2020**" (33, Avenue Pierre de Coubertin), passe sur le restaurant "L'Homme Bleu" (55, rue Jean-Pierre Timbaud), mais aussi sur le Salon de Coiffure " Bizarre-Bizarre" (à la même adresse)…
La ligne reliant la Société "Paris Athle 2020" (33, Avenue Pierre de Coubertin) au cimetière Saint-Vincent de Montmartre, passe sur le cabaret "Chez Michou".
Michou avait une idée très précise concernant ses obsèques :
"Je veux que mon cercueil soit exposé : cercueil bleu, bien entendu, que tous mes amis portent une veste bleue et que l'on mette une flopée de ballons bleus en guise de décoration, ainsi que moult fleurs bleues. **Des hortensias de préférence**."… c'était ses fleurs préférées.

Il désirait également que sa dépouille mortelle soit accompagnée par une batterie de tambours des P'tits Poulbot de Montmartre, en costume d'infanterie de 1813.
Vraiment troublant et étrange ce Parisis Code !
En effet, l'"œil de l'Aigle des Buttes-Chaumont qui regarde le Restaurant L'Hortensia (n°4, Place du Maréchal juin), crée une ligne de 6,2 kilomètres qui passe sur… le Cabaret de Michou (n°80, rue des Martyrs), très précisément à mi-distance !
A Paris, l'Allée des Hortensias, la Place de l'Opéra, l'Eglise Saint-Jean de Montmartre, le "**Mur des Je t'aime**" (Square Jehan Rictus), et le cimetière Saint-Vincent de Montmartre, sont alignés.
Jacky Henu, nom de scène "**Hortensia**" de Chez Michou, fut pendant 30 ans l'un des plus célèbres artistes transformistes ("Michette") du cabaret "Chez Michou".
Sa spécialité : une parodie de Brigitte Bardot…
Selon ses dernières volontés, Michou souhaitait que son cabaret ne lui survive pas…
Jusqu'au jour de son inhumation, il a voulu que Paris soit une fête.
Le seul cri, son préféré, qui résumait sa joie de vivre, était : **Youpi** !
Il existe d'ailleurs un alignement particulièrement humoristique, qui résume sa fin de vie :

La ligne reliant l'église Saint-Jean de Montmartre (ses funérailles) à la Boulangerie "**Youpi, et voilà** !" (16, Avenue Daumesnil), passe sur la rue de Paradis, en particulier sur le restaurant "Le Fantôme" (au n°36, rue de Paradis), et sur le Cabaret Michou.

Il a souhaité que le jour de son enterrement, son cercueil bleu soit exposé devant son établissement, et offrir une dernière tournée à ses admirateurs.

Bref que le champagne, sa boisson préférée, sa "Fontaine de Jouvence", coule à flot à cette occasion.

Inscription gravée en or sur le tombeau de Michou

Il existe une ligne très symbolique qui résume ses funérailles:

La ligne de 7,3 km reliant la Société "Le Champagne" (127, Avenue du Général Leclerc) au cimetière Saint-Vincent, passe sur la Société "Paris est une fête" (22, Boulevard Edgar Quinet) et l'église Saint-Jean de Montmartre.

Les Amours de Michou

Depuis 17 ans, Michou, qui désirait rester "vieille fille" entretenait une liaison amoureuse (mais séparée) avec un certain Erwan Toularastel, qui vivait au n°25, rue Bosquet.
L'axe formé par cette adresse et le Cabaret de Michou (au-dessus duquel il vivait), amène symboliquement sur le parvis du Sacré-Cœur de Montmartre…
La ligne reliant l'adresse d'Erwan Toularastel à l'Hôtel "Montparnasse, mon Amour" (7, rue Paul Albert), passe amoureusement sur le Cabaret Chez Michou.

Avant cette liaison avec Erwan, Michou s'était épris d'un restaurateur de Montmartre, Edouard Carlier.
Ce dernier avait créé en 1974, le prestigieux Restaurant "Antoine Beauvilliers **" (52, rue Lamarck). Il mourut le 28 juillet 2003, jour de la Saint-Samson, d'une crise cardiaque…

Il repose également au cimetière Saint-Vincent.
Etrangement, la ligne de 6,8 km reliant l'entrée du cimetière Saint-Vincent (où il repose) à la rue Samson, passe sur le Cabaret Chez Michou !
La ligne reliant le Cabaret Chez Michou à la Sarl 2003 (5, rue de Bretagne) passe sur la rue de Paradis et le restaurant Pedzouille l'Etable (66, rue du Faubourg Poissonnière) !
Effectivement, cette année-là, l'ami de Michou a rejoint le Paradis… Le mot "Pedzouille" qualifie un paysan, mais est aussi utilisé pour insulter un homosexuel…

Edouard Carlier était né à Bonsecours, en Belgique. Issu d'une école d'art graphique. Il imaginera, entre autres, la "petite fleur" de Yoplait et la rose de Lancôme.
La ligne reliant l'adresse d'Edouard Carlier (52, rue Lamarck) à l'adresse du siège de la Société Yoplait (150, rue Gallieni, à Boulogne-Billancourt) passe sur l'Esplanade des Droits de l'Homme, Clef de la Création et de la Mise au Monde du Code.

Incroyable mais vrai !
La ligne reliant l'Impasse Bon-Secours au restaurant A. Beauvilliers (52, rue Lamarck), passe sur la Sci Michou (97, rue de la Folie Méricourt), la rue Dieu, et l'Hôtel "**Montparnasse, mon Amour**" (7, rue Paul Albert).
La ligne reliant l'adresse d'Edouard Carlier (52, rue Lamarck) à l'Hôtel Amour (8, rue de Navarin), passe également sur le Cabaret Chez Michou !

** ***Antoine Beauvilliers*** *(1754-1817), chef de cuisine du futur Louis XVIII, fut aussi inventeur du terme "restaurant". Il ouvrit le premier vrai restaurant de Paris en 1782 ; il avait fait de ce lieu un écrin de l'art de vivre et de la gastronomie française et y recevait le Tout-Paris des arts, du spectacle, de la mode et de la politique.*

Tentative de meurtre sur Michou…

Avant son aventure avec Edouard Carlier, Michou (la "Mascotte de Montmartre") avait rencontré (à une date non communiquée, antérieure à l'an 2000…), dans son restaurant préféré, la Brasserie La Mascotte (52, rue des Abbesses), un Stewart nommé Michel, dont il était tombé amoureux… Il fut le seul à vivre quelque temps avec lui.

Un soir, ils regagnaient un immeuble situé au n°2, Villa Dancourt, une voie privée située juste derrière le cabaret, où Michou avait son appartement, au 8ème étage. Arrivé dans le corridor, au niveau de l'ascenseur, un gangster armé d'un pistolet, tapi dans l'ombre surgit soudain et visa Michou, visiblement pour l'abattre…

Aussitôt, Michel, pour le protéger, s'interposa. C'est lui qui reçut la balle de révolver, et mourut sur le coup ! Le gangster prit la fuite, et il ne fut jamais identifié…

Ce drame se retrouve sous forme d'alignement…

La ligne reliant La Mascotte (52, rue des Abbesses), à l'entrée du cimetière du Père Lachaise (Clef de la Mort), passe sur le Cabaret Chez Michou et la Villa Dancourt, lieu du Drame !

La ligne reliant le bar l'Assassin (99, rue Jean-Pierre Timbaud) au cabaret, passe sur la Villa Dancourt.

La ligne reliant le restaurant le Coup de Feu** (48, rue Léon Frot) à la Brasserie La Mascotte, passe sur la Villa Dancourt, et le Cabaret Chez Michou.
Joséphine Baker habita au n°2, Villa Dancourt, pendant la Seconde Guerre mondiale…
*** Le "Coup de Feu a fermé ses portes en 2016.*

Le Paradis Bleu

Michou, né à Amiens, a rejoint le 26 janvier 2020, le "Paradis Bleu"…
La ligne reliant le Square d'Amiens au restaurant " Le Paradis Bleu" (11, rue de Montyon), passe sur le restaurant "L'Homme Bleu" (55, rue Jean-Pierre Timbaud), et sur la Sci Michou (97, rue de la Folie Méricourt). Cet axe se dirige à l'Est sur Saint-Mandé, où il est mort.
La ligne de 7,3 km joignant le Salon de coiffure "Paradis Bleu" (98, rue Bobillot) à la tombe de Michou, passe sur son Cabaret.
La mère de Michou se prénommait Lucienne.
Etrangement, la ligne reliant la Maroquinerie "Lucienne" (18, rue de l'Atlas) au Square des Batignoles (la Clef Spermatozoïde du Parisis Code) passe sur l'appartement de Michou (2, Villa Dancourt) et sur son Cabaret.

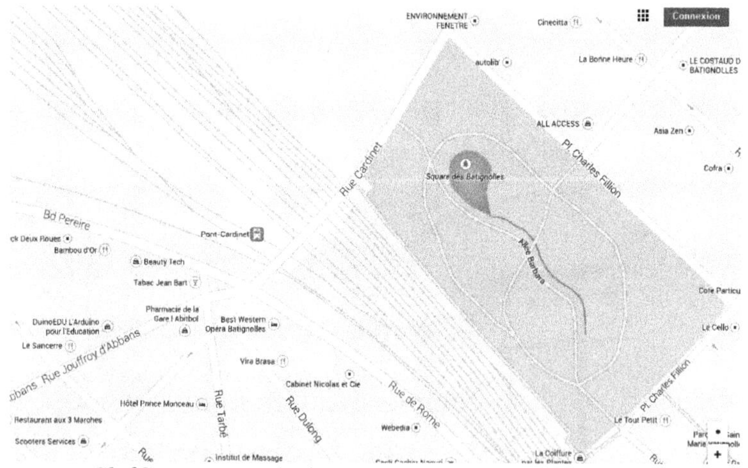

Clef Spermatozoïde du Parisis Code, et son petit lac en forme de Spermatozoïde (tête et flagelle)…

Michou est mort à l'âge de 88 ans… son cabaret se trouvait au n°80, rue des Martyrs.
La Boulangerie la plus proche de chez lui, s'appelle "Pain Pain"; elle se trouve à 40 mètres au n°**88** de cette rue, et cette dernière est… **bleu** pétrole ! Que l'on peut interpréter comme un clin d'œil à l'âge de son décès…
C'est celle de Sébastien Mauvieux, formé chez le célèbre pâtissier Lenôtre, et qui fut classé "Meilleure Baguette de Paris" en 2012. Il existe environ 1100 boulangeries à Paris…

Pierre-Jean Chalençon

Le collectionneur d'objets liés à Napoléon, Pierre-Jean Chalençon (surnommé l'Empereur) était un ami intime de Michou (le Prince Bleu).

L'Empereur et le Prince…

Il est depuis 2015, propriétaire, et habite au Palais Vivienne (36, rue Vivienne), une demeure de 600 m2, vieille de 3 siècles.
Il fut ami intime de Charles Trenet (le "Fou chantant"), pendant douze années.
La ligne de 6,8 km reliant le Cabaret Michou au Jardin Charles-Trenet (situé au n°31, rue Brillat-Savarin, et créé en 2015), passe sur la rue Drouot (évoquant l'Hôtel des Ventes Drouot), et miraculeusement sur… le Palais Vivienne, où demeure Pierre-Jean Chalençon !

Pierre-Jean Chalençon et Charles-Trenet

Cet axe, au nord de Paris, rejoint la tombe de Michou, dans le cimetière Saint-Vincent.
Cette ligne spectaculaire du Code, qui prouve une fois de plus que certaines vies sont indéniablement guidées par une mystérieuse intelligence, s'est créée spontanément au cours de l'année 2015, lorsque Pierre-Jean Chalençon a acheté l'Hôtel particulier "**Palais Vivienne**", une "affaire conclue" pour la modique somme de 6 millions d'euros…
Charles-Trenet était né à Narbonne… La ligne reliant le Jardin Charles-Trenet à la rue de Narbonne, passe sur le Grand Œil (Observatoire de Paris). Tout est à sa place, dans le Code !
Pierre-Jean Chalençon est né le 17 septembre (Saint-Renaud) de l'année 1970, à Rueil-Malmaison. Joséphine de Beauharnais épouse de Napoléon Bonaparte fut propriétaire du château de Rueil-Malmaison.
Napoléon y passa beaucoup de temps et c'est là que furent décidées la vente de la Louisiane ou l'institution de la Légion d'honneur…
La ligne reliant la Sci de Rueil-Malmaison (7, rue Labie) au Palais Vivienne, passe sur la Sci 1970 (1, rue d'Argenson).
La ligne reliant l'Arc de Triomphe (dont la construction fut décidée par Napoléon 1er), à la rue Drouot (extrémité Nord) passe sur la Sci 1970 (1, rue d'Argenson).
Le Comte Antoine Drouot fut un général d'artillerie français, sous Napoléon 1er…

La ligne reliant la Sci Saint-Renaud (12, rue Simon Dereure) au Palais Vivienne, passe sur l'Hôtel des Ventes Drouot (clin d'œil discret à l'émission "Affaire Conclue", que Pierre-Jean Chalençon anime sur France 2.

Le Palais hanté… le fantôme habite au 36…

Pierre-Jean Chalençon, spécialiste de Napoléon, est persuadé que ce Palais Vivienne, plein de souvenirs de l'Empereur Napoléon, est hanté. Il en aurait même rencontré un de très près…
Il a déclaré : "Des fois, il y a des craquements. Il n'y a pas longtemps, j'étais dans le cabinet de curiosités et j'ai senti comme une main, voilà. Je me suis retourné, il n'y avait personne bien sûr...". "Je pense que les esprits qui sont là sont très heureux.
Et si ce "fantôme" n'était ni plus ni moins que Napoléon lui-même ?

Dans le Code, la ligne reliant l'Hôtel de l'Empereur (n°9, rue Chevert) au restaurant "Le Fantôme" (n°36, rue de Paradis), passe sur la Cité Paradis, devant l'entrée de l'Hôtel des Invalides (où repose Napoléon), traverse le Jardin des Tuileries (où vivait Napoléon), et sur le Palais Vivienne (n°36, rue Vivienne) !
Pierre-Jean Chalençon est aussi administrateur du Cercle France-Napoléon (47, rue Perronet à Neuilly/Seine).
Dans le Parisis Code, le Grand Œil (Observatoire de Paris) qui regarde le Cercle France-Napoléon, crée une ligne qui passe sur le Tombeau de Napoléon !
La ligne reliant la rue Bonaparte (extrémité Sud) au Cercle France-Napoléon, passe sur… l'Arc de Triomphe !

Coccinelle

Michou est un artiste transformiste né en 1931, la même année que "**Coccinelle**" (Jacques Dufresnoy - 1931-2006), l'une des premières femmes transsexuelles connues du grand public.
En son honneur, la "**Promenade Coccinelle**" fut inaugurée en 2017, sur le terre-plein central du Boulevard de Clichy, à 100 m du cabaret de Michou, dont elle épousa un des transformistes "Zize", en 1996. Coccinelle est morte à Marseille. Ce que nous précise le Code.

Coccinelle chez son ami Michou

En effet, la ligne reliant la Clef de la Mort (entrée du cimetière du Père Lachaise) à la "Promenade Coccinelle", passe miraculeusement sur la rue de Marseille.
En 1956, année de l'ouverture du cabaret de Michou, elle se fait réaliser, à la Clinique du Parc, à Casablanca, au Maroc, une vaginoplastie, devenant ainsi la première personne française connue à le faire. Elle devint ainsi Jacqueline Dufresnoy.
Dans le Code, la ligne joignant la rue de Casablanca, au cabaret de Michou, passe sur… la "Promenade Coccinelle".
Dernier clin d'œil de l'artiste Coccinelle : son dernier mari fut le transformiste Thierry Wilson, dit "Zize.
Etrangement, une **société Coccinelle** (qui n'a pourtant rien à voir avec elle), se trouve au 26, Avenue du Président… Wilson !
La ligne reliant cette Sci Coccinelle (n°26, Avenue du Président Wilson) au cabaret de Michou, passe sur… la "Promenade Coccinelle".
Coïncidence: dans l'Ile de la Réunion, une chanteuse de 17 ans nommée "Michou", a sorti en 1977, un disque 45tours (vinyle), avec le titre Mam'zelle **Paula**.
Il se trouve que Michou de Montmartre est décédé le jour de la Sainte **Paula** !

LES 25 LIVRES EDITES PAR L'AUTEUR

PARISIS CODE (tome 1)
Editions Lulu.com, 2012 - ISBN 979-10-91289-02-3
LE CODE SECRET DES RUES DE PARIS
(Parisis Code **tome 2**)
Editions Lulu.com, 2012 - ISBN 979-10-91289-03-0
ET DIEU CREA ...LE CODE - (Parisis Code **tome 3**)
Editions Lulu.com, 2012 - ISBN 978-2-9540731-7-0
PARIS, CAPITALE DU DESTIN - (Parisis Code **tome 4**)
Editions Lulu.com, 2012 - ISBN 978-2-9540731-4-9
LE METRO VIRTUEL - (Parisis Code **tome 5**)
Editions Lulu.com, 2012 - ISBN 979-10-91289-01-6
LES ARCHIVES CHRONO-PARADOXALES -
(Parisis Code **tome 6**)
- Lulu.com, 2014 - ISBN 979-10-91289-11-5
LE GRAND CODE DE LONDRES
Editions Lulu.com, 2012 - ISBN 979-10-91289-04-7
L'EPHEMERE RESURRECTION DE LA BASTILLE
Editions Lulu.com, 2011 - ISBN 978-2-9540731-0-1
LE SECRET SOLAIRE DU MONT SAINTE ODILE
Editions Lulu.com, 2011 - ISBN 978-2-9540731-3-2
LES PHENOMENES SOLAIRES ARTIFICIELS
Editions Lulu.com, 2011 - ISBN 978-2-9540731-2-5
LES CLEFS CACHEES DE LA VIE
Editions Lulu.com, 2012 - ISBN 979-10-91289-05-4
ENIGMES tome 1
Editions Lulu.com, 2014 - ISBN 979-10-91289-12-2
ENIGMES tome 2
Editions Lulu.com, 2014 - ISBN 979-10-91289-13-9
L'INQUIETANT MESSAGE DE CHIBOLTON
Editions Lulu.com, 2012 - ISBN 978-2-9540731-6-3
LE FABULEUX SECRET DE PARIS
Editions Lulu.com, 2015 - ISBN 979-10-91289-15-3
L'ULTIME SECRET DE FATIMA
Editions Lulu.com, 2015 - ISBN 979-10-91289-18-4
MARINE LE PEN, UN DESTIN GRAVE DANS PARIS
Editions Lulu.com, 2015 - ISBN 979-10-91289-17-7
JE SUIS... CODEE
Editions Lulu.com, 2015 - ISBN 979-10-91289-22-1
MACRON, UN DESTIN MACHIAVELIQUE GRAVE DANS PARIS
Editions Lulu.com, 2017 - ISBN 979-10-91289-27-6
JOHNNY HALLYDAY, un fabuleux destin encodé dans Paris
Editions Lulu.com, 2017 - ISBN 979-10-91289-29-0
VIES D'ARTISTES encodées dans Paris
Editions Lulu.com, 2018 - ISBN 979-10-91289-30-6
LE PARISIS CODE FAIT SON CINEMA
Editions Lulu.com, 2018 - ISBN 979-10-91289-31-3
LE SECRET DES RUES DE STRASBOURG - Tome 1
Editions Lulu.com, 2019 - ISBN 979-10-91289-33-7
LE SECRET DES RUES DE STRASBOURG - Tome 2
Editions Lulu.com, 2019 - ISBN 979-10-91289-34-4
"SAINT" ROBERT SCHUMAN
Editions Lulu.com, 2019 - ISBN 979-10-91289-35-1

Retrouvez les dernières publications de l'auteur sur

Tous les livres peuvent être commandés directement.
Contacter l'auteur : t.van-de-leur@laposte.net

Pour suivre les dernières informations :
http://parisis-code.skyrock.com (52.500 visites depuis 2009)

Dernière mise à jour le 2 février 2020

www.ingramcontent.com/pod-product-compliance
Ingram Content Group UK Ltd.
Pitfield, Milton Keynes, MK11 3LW, UK
UKHW021827190726
13853UKWH00003B/1241